Tubes · Pflanzen und Tiere in der Stadt

Gisela Tubes

Pflanzen und Tiere in der Stadt

Suchen – Erkunden – Erleben

Quelle & Meyer Verlag Wiebelsheim

Die Angaben in diesem Buch sind von der Autorin und dem Verlag sorgfältig erwogen und geprüft, dennoch kann keine Garantie übernommen werden. Eine Haftung der Autorin bzw. des Verlags und seiner Beauftragten für Personen-, Sach- und Vermögensschäden ist ausgeschlossen.

Bibliografische Information der Deutschen Nationalbibliothek
Die Deutsche Nationalbibliothek verzeichnet diese Publikation in der Deutschen Nationalbibliografie; detaillierte bibliografische Daten sind im Internet über http://dnb.d-nb.de abrufbar.

© 2017 by Quelle & Meyer Verlag GmbH & Co., Wiebelsheim
www.quelle-meyer.de

Das Werk einschließlich aller seiner Teile ist urheberrechtlich geschützt. Jede Verwertung außerhalb der engen Grenzen des Urheberrechtsgesetzes ist ohne Zustimmung des Verlages unzulässig und strafbar. Dies gilt insbesondere für Vervielfältigungen auf fotomechanischem Wege (Fotokopie, Mikrokopie), Übersetzungen, Mikroverfilmungen und die Einspeicherung und Verarbeitung in elektronischen und digitalen Systemen (CD-ROM, DVD, Internet, etc.).

Umschlagabbildungen: Gisela Tubes (Fotos), Scott Krausen (Illustrationen)
Druck und Verarbeitung: Werbedruck GmbH Horst Schreckhase, Spangenberg
Printed in Germany/Imprimé en Allemagne
ISBN 978-3-494-01683-2

Inhaltsverzeichnis

Einführung 8

Straßen und Wege 11

Pflasterritzen 12

Rosettenpflanzen 13

Kriechpflanzen 15

Schnellvermehrer 18

Sonstige Arten in Pflasterritzen 19

Tiere in Pflasterritzen 21

    Pflanzenfavorit 22

    Gefährliches Pflaster 23

Straßenränder 24

Pflanzen an Straßenrändern 24

Tiere an Straßenrändern 28

    Löwenzahnsuche 29

Straßenbäume 30

Tiere auf Straßenbäumen 34

    Baumkartierung 35

Hecken und Gebüsche 37

    Was gehört hier nicht hin? 44

Mauern und Häuser 45

Mauern 46

Auf der sonnigen Seite 47

Auf der schattigen Seite 49

Oben auf der Krone… 52

…und unten am Fuß 54

Gehölze an Mauern 56

    Stille Post 57

    Mauerlauf 57

    Auf der Mauer, auf der Lauer… 58

Fassaden 59

Fassadengrün 59

Fassadengrün als Lebensraum für heimische Tiere 62

Fassaden als Ersatzlebensraum 63

    Schlingpflanzenspiel 66

    Meisenspeise 67

Inhaltsverzeichnis

Dächer 68
Pflanzen auf Dächern 68
    Dachbegrünung 70

Brachflächen und Bahnanlagen 71

Brachflächen 72
Einjährige Pflanzen 73
Mehrjährige Pflanzen 77
Pioniergehölze 89
Vielfältige Tierwelt 91
    Blütenfavorit 96
    Duftquiz 96
    Hummelfavorit 96
    Bienchen, Bienchen, such den Nektar! 97
    Sprungweltmeister 98
    Schmetterlingszählung 98

Bahnanlagen 101
Pflanzen auf Bahnanlagen 101
Reichhaltige Tierwelt 108
    Zugexpedition in die Steinwüste 109
    Pflanzen verbreiten 110

Gewässer 111

Fließgewässer 112
Pflanzen an Fließgewässern 112
Tiere an Fließgewässern 120
    Vogelbeobachtung 122
    Eisvogel auf Fischfang 122

Stillgewässer 123
Pflanzen der Stillgewässer 123
Tiere an Stillgewässern 127
    Alle meine Entchen 132
    Libellenflug 132
    Froschkonzert am Teich 133
    Fischer, Fischer, wie tief ist das Wasser? 134

Parkanlagen und Friedhöfe 135

Parkbäume 136
Tiere auf Parkbäumen 146
    Baum bestaunen 150
    Einen Baum wiederfinden 151
    Baum belauschen 151

Inhaltsverzeichnis

Bäumchen wechsle dich! 151

Baumbreite schätzen 152

Baumrindenbilder herstellen 153

Schnitzeljagd 153

Nuss-Versteckspiel 154

Marder und Eichhörnchen 155

Vogelnestzählung 156

Alle Parkvögel fliegen hoch 157

Parkwiesen und -rasen 158

Pflanzen auf Parkwiesen und -rasen 158

Tiere auf Parkwiesen und -rasen 166

Wiesenpflanzen merken und suchen 169

Gänseblümchen-Regenspiel 169

Gänseblümchenschmuck 170

Ich sehe was... 170

Fledermausexkursion 171

Fledermaus auf Mottenfang 171

Jagd im Burgpark des Grafen Dracula 172

Igel auf Käferfang 173

Fuchs auf Kaninchenfang 174

Picknick im Park 175

Die schnellste Maus 175

Ostereiersuche 176

Ratten füttern im Park 177

Regenwürmer fangen 178

Frühling, Sommer, Herbst oder Winter? 179

Tier-Pantomime 179

Ab in die Stadt 180

Friedhöfe 181

Immergrüne Pflanzen 181

Trauerbäume 184

Herzförmige Blätter 186

Moose und Flechten 187

Tiere 189

Pflanzengeflüster 190

Tierstimmenlauschen 190

Literaturverzeichnis 191

Register der Pflanzenarten 192

Register der Tierarten 194

Register der Spiele 196

Spiele nach Lebensräumen 197

Erkundungszeiten 198

Bildquellennachweis 199

Einführung

Auf eine Wiese, an einen Bach oder in den Wald zu gehen, ist für die meisten Kinder heutzutage ein Erlebnis der besonderen Art. Hier erleben sie Natur pur! Aber auch dort, wo viele von ihnen wohnen, spielen und zur Schule gehen, nämlich in der Stadt, kann vielerorts Natur erlebt werden.

Jedes Kind und fast jeder Erwachsene kennt den Löwenzahn, der sich in der gleichnamigen Fernsehsendung durch den Asphalt schiebt. Diese Pflanze wächst auch auf der Wiese und am Wegrand. Heißt das, dass jede Pflanze überall wachsen kann? Nein, so ist es nicht! Pflanzen sind von bestimmten Standortverhältnissen abhängig: vom Boden, der Wasserversorgung, den Lichtverhältnissen, der Trittbelastung und anderen. Manche Pflanzen, wie der Löwenzahn, sind anspruchslos und können somit an vielen unterschiedlichen Standorten wachsen. In der Stadt lebende Pflanzen sind häufig härteren Bedingungen ausgesetzt als diejenigen, die im Umland wachsen. Verdichteter Boden, Überdüngung, Trittbelastung oder Trockenheit sind nur einige der Faktoren, die es vielen Pflanzenarten verwehren, sich hier anzusiedeln und zu überleben.

Doch schaut man genau hin, findet man neben dem Löwenzahn in der Stadt viele andere robuste Wildpflanzen. Sie erobern Pflasterritzen auf Straßen und Bürgersteigen, begrünen Mauern und Hauswände oder besiedeln Baulücken. Neben zahlreichen Zierpflanzen lassen sich auch in Parkanlagen, auf Friedhöfen und Kirchplätzen Wildpflanzen entdecken. Und überall finden sich Wildtiere ein, die in diesen grünen Nischen Raum zum Leben finden oder solche Tierarten, die vom Menschen geschaffene Orte als Ersatz für natürliche Lebensräume annehmen.

Im vorliegenden Buch werden häufig auftretende Wildpflanzen und erlebbare Wildtiere unserer Städte vorgestellt. Dabei kann es sich nur um eine Auswahl handeln. Die tatsächliche Anzahl der in Städten vorkommenden Pflanzen und Tiere ist weitaus größer.

Da die Beobachtung der Tierwelt meist zufällig geschieht, werden diejenigen Tierarten behandelt, die häufig auftreten und mit großer Wahrscheinlichkeit auch von Kindern entdeckt werden können.

Das Buch führt durch städtische Lebensräume, die mit Kindergruppen begangen werden können. Die Pflanzen und Tiere der Straßen und Wege, Mauern und Häuser, Brachflächen und Bahnanlagen, Gewässer sowie Parkanlagen und Friedhöfe werden vorgestellt. Gärten und waldartige, innerstädtische Parkbereiche sind ausgenommen. Kurze Texte liefern den Leiterinnen und -leitern Informationen zum Thema, zu Pflanzen und Tieren. Diese können als Einführung für die Erkundungen und Spiele altersgerecht umformuliert und vermittelt werden. Zahlreiche Fotos unterstützen das Verständnis der Themen, Abbildungen veranschaulichen die Spielideen.

Anwender
Das vorliegende Buch ist vor allem für Leiterinnen und Leiter (im weiteren Verlauf des Textes als „Leiter" bezeichnet) von Kindergruppen im Vorschul- und vor allem im Grundschulalter gedacht. Das können neben Kindergärtnern und -gärtnerinnen, Grundschullehrerinnen und -lehrern auch Leiter von Offenen Ganztagsschulen, Naturschutzgruppen, Vereinen oder sonstigen naturbezogenen Kindergruppen sein. Auch für Aktivitäten mit Kindern weiterführender Schulen wird dieses Buch Anregungen bieten. Eltern und Großeltern, die mit ihren Sprösslingen einfach die Natur in der Stadt erleben möchten, sind ebenso angesprochen.

Pflanzen- und Tiererkundung
Mit Kindern Pflanzen und Tiere in der Stadt zu erkunden erfordert von Gruppenleitern ein hohes Maß an Betreuung. Die Suche nach Pflanzenarten und die Beobachtung von Tieren bieten sich nur in solchen Lebensräumen an, in denen die Kinder ihrem Forschungs- und Bewegungsdrang freien Lauf lassen können. Das sind in der Stadt in erster Linie Parkanlagen, Fußwege und Spielstraßen. Eingeschränkt stehen Friedhofsbereiche, Brachflächen, Marktplätze, Kirchhöfe und andere Plätze zur Verfügung. Mit Absicht werden

Einführung

Erkundungen und Spielideen zum Beispiel an Straßen und Wegen oder auf Bahnanlagen kaum vorgeschlagen. Wissenswertes zu diesen Lebensräumen wird auf einem Spaziergang vermittelt, Spiele zu diesen Themen werden am besten in angrenzenden Parkanlagen oder an sonstigen sichereren Orten durchgeführt.

Spiele

Die Erlebnis- und Spielideen sind dazu geeignet, das Thema Pflanzen und Tiere in der Stadt kennen zu lernen.

Den Spielen werden als Orientierungshilfe Altersangaben (3–5, 3–8, 3–11, 5–8, 5–11, 8–11) zugeordnet. Die Eignung der Spiele hängt letztendlich vom individuellen Entwicklungsstand der Kinder ab, der von den Leitern selbst am besten eingeschätzt werden kann. Der Schwierigkeitsgrad vieler Spiele lässt sich dem Alter der Kinder anpassen. So ist zum Beispiel die Anzahl zu suchender Pflanzen veränderbar oder es können Hilfestellungen gegeben werden.

Bei jedem Spiel ist ein Hinweis auf die Jahreszeit vorhanden. Dabei handelt es sich in erster Linie um die themenbezogene jahreszeitliche Abhängigkeit der Spielinhalte. Einige Spiele lassen sich natürlich auch zu anderen als den angegebenen Jahreszeiten spielen. So kann zum Beispiel das Spiel „Igel auf Käferfang" theoretisch im Winter gespielt werden. Dann sollte der Leiter jedoch darauf hinweisen, dass Igel im Winter keine Käfer fangen, da sie Winterschlaf halten.

Die Auswahl der Erlebnis- und Spielideen wurde so vorgenommen, dass sie mit wenig Vorbereitung und Aufwand eingesetzt werden können. Materialien, die benötigt werden, lassen sich problemlos besorgen und passen neben der Standardausrüstung in den Rucksack des Leiters. Nur einige wenige Ideen erfordern Vorbereitungszeit, um zum Beispiel Arbeitsbögen zu kopieren oder Kartenausschnitte zu erstellen. Erlebnis- und Bewegungsideen in der Stadt erfordern im Hinblick auf die Sicherheit der Kinder im Vorfeld eine genaue Erkundung der städtischen Örtlichkeiten.

Abzählreim

Einige Spiele benötigen die Ermittlung eines Spielanfängers. Dies kann mit folgenden Abzählreimen vorgenommen werden:

Auf der Mauer,
auf der Lauer,
sitzt 'ne Laus
und du bist raus.

Eins, zwei, drei, Kuckucksei,
vier, fünf, sechs, alte Hex',
im Park da wachsen Bäume,
da sitze ich und träume,
im Park da sitzt 'ne Maus,
und du bist raus.

Ene, mene, Eule,
der Fuchs, der hat 'ne Beule,
ene, mene, Mäuseschreck
und du bist weg.

Zu beachten

Vor und während der Durchführung von Erkundungsgängen und Spielen in der Stadt sind einige grundsätzliche Dinge zu beachten:

- Erkundungen und Spiele werden nur dort durchgeführt, wo die Sicherheit der Kinder gewährleistet ist. Daher sollten im Vorfeld Geländeerkundungen vorgenommen werden.
- Die für die Spiele benötigten Materialien sollten wieder mitgenommen werden.
- Zahlreiche Wildpflanzen sind grundsätzlich essbar. Aufgrund von Abgas- und sonstigen Verunreinigungen bietet sich das Verzehren von Pflanzen in der Stadt jedoch nicht an.
- Handliche Pflanzen- und Tierbestimmungsbücher sollten in keiner Ausrüstung fehlen.
- Verbandskoffer und Zeckenzange sollten bei naturkundlichen Unternehmungen immer dabei sein.

Einführung

Piktogramme
Piktogramme ermöglichen eine schnelle Orientierung über Spieleranzahl, Jahreszeiteneinsatz, Ziele und Schwerpunkte, besondere Geländeansprüche, benötigte Materialien und weitere Spiele zum Thema.

 Verweis auf weitere Spiele

Tabellen
Zwei Tabellen am Ende des Buches bieten einen raschen Überblick darüber, welche Spiele sich zu welcher Zeit und an welchem Ort eignen.

Die erste Tabelle gibt Aufschluss über die günstigen Erkundungszeiten. Eine weitere Tabelle vermittelt eine Übersicht über alle Spiele, die den einzelnen Lebensräumen zugeordnet sind sowie Informationen zum Einsatz, zur Vorbereitung und Durchführung.

Straßen und Wege

Pflasterritzen

Immer wieder ist man erstaunt über die Vielzahl von Pflanzenarten, die es schaffen, sich an den unwirtlichsten Stellen, von den kleinsten Ritzen im Bürgersteig bis zu den Fugen im stark befahrenen Kopfsteinpflaster, anzusiedeln und dort zu überdauern. Weil sie vor allem gegen Tritt unempfindlich sein müssen, werden sie als „Trittpflanzen" bezeichnet.

Trittpflanzen sind einem starken Druck von oben ausgesetzt. Blätter, Blüten und Früchte werden zertreten oder überfahren. Weitere Faktoren beeinträchtigen das Pflanzenwachstum und die Vermehrung an diesen ungastlichen Standorten. Es sind schlechte Bodenverhältnisse vorhanden, die Pflanzen müssen mit wenig Erde und verdichtetem Boden auskommen. Auf Straßen und Wegen wird im Winter Salz gestreut, nicht jede Pflanze kann mit hohen Salzkonzentrationen im Wurzelbereich leben. Pflastersteine heizen sich im Sommer stark auf, geben die Hitze an die Umgebung ab und trocknen den Standort stark aus. Samen werden vom Regen in die Kanalisation gespült oder weggefegt.

Aufgrund der zahlreichen Belastungen, denen Pflanzen in Pflasterritzen ausgesetzt sind, sehen diese meist kümmerlicher aus als ihre Artgenossen, die in normaler Erde wachsen.

Wie können in Pflasterritzen trotzdem Pflanzen gedeihen? Wie vermehren sich diese und wie breiten sie sich aus?

Einige Pflanzen haben interessante Strategien entwickelt!

Straßen und Wege

Rosettenpflanzen

Manche Pflanzen können Druck von oben besser aushalten als andere. Wuchshöhe und Wuchsform entscheiden über die Trittempfindlichkeit.
Pflanzen mit zähen Blättern und Stängeln ertragen den Tritt besser als solche mit zarter Statur. Zahlreiche Trittpflanzen bilden ihre Erneuerungsknospen, aus denen neue Blätter wachsen, direkt über dem Boden oder in den Pflasterritzen aus, so zum Beispiel Breit-Wegerich, Hirtentäschel, Behaartes Schaumkraut und nicht zuletzt der Löwenzahn. Bei diesen Rosettenpflanzen liegen die relativ robusten Blätter dicht am Boden auf und sind somit weitgehend vor dem Abbrechen und Abknicken geschützt.

Breit-Wegerich

Der Breit-Wegerich hat nicht nur derbe Blätter, sondern auch robuste Blattadern, die Schuhsohlen und Wagenrädern trotzen. Nährstoffe und Wasser werden häufig auch noch nach Beschädigung der Blätter transportiert. Die vor allem bei Nässe klebrigen Samen setzen sich in Schuhsohlen, Wagenrädern und an Tierpfoten fest und fallen an anderer Stelle wieder ab. Finden sie dort gute Lebensbedingungen vor, können sie keimen und zu neuen Pflanzen heranwachsen.

Breit-Wegerich

„Fußstapfen des Weißen Mannes" nannten die Indianer den Breit-Wegerich. Die europäischen Einwanderer schleppten die klebrigen Samen mit ihren Wagenrädern und Pferdehufen in die neue Welt ein. Überall dort, wo die Siedler entlang zogen, fasste der Breit-Wegerich Fuß. So haben sich Wegericharten über die ganze Welt verbreitet.

Orakeln

Man nehme ein Breit-Wegerichblatt und halte es mit der einen Hand am Blattstiel fest, mit der anderen an der Spreite und ziehe so Stiel und Blatt auseinander! Dabei zeigen sich Fäden (Blattadern), welche die Anzahl der Kinder anzeigen, die der Betreffende bekommen wird. So geht ein altes Kinderspiel!

Straßen und Wege

Löwenzahn

Löwenzahn kennen wir von Wegrändern, Wiesen und Weiden. Auch zwischen Pflasterritzen sind die Rosetten sehr häufig anzutreffen. Einzelne gelbe Blütenköpfchen ragen aus den Ritzen empor, aber lange nicht so hoch wie diejenigen von Pflanzen, die auf Wiesen und Weiden wachsen. Schösslinge des Löwenzahnes zwängen sich durch kleinste Risse im Pflaster und vermögen dieses sogar zu sprengen.

Löwenzahn

Strahlenlose Kamille

Schaut man sich die Strahlenlose Kamille an, könnte man meinen, dass jemand die weißen Blüten als Liebesorakel („Er liebt mich, er liebt mich nicht…") verwendet hat. Dem ist jedoch nicht so. Diese Kamillenart bildet keine weißen Zungenblüten aus (strahlenlos!).

Strahlenlose Kamille

Sie duften jedoch wie die der Echten Kamille. An Stellen, an denen sie weniger starkem Druck von oben ausgesetzt ist, vermag sie aus den Ritzen in die Höhe zu wachsen.

> **Erkunden**
> Den Kamillenduft der Strahlenlosen Kamille schnuppern!

Straßen und Wege

Kriechpflanzen

Pflanzen, die sich durch ober- oder auch unterirdische Ausläufer ausbreiten können, sind auf Wegen und in Pflasterritzen im Vorteil, denn auf den druckbelasteten Standorten kommt es häufig nicht zur Entwicklung von Blüten und Früchten. Zwischen den Fugen und Ritzen sind die Ausläufer vor Druck und Tritt von oben weitgehend geschützt.

Gänse-Fingerkraut

Das Gänse-Fingerkraut ist mit seinen über 1 m langen, rötlich überlaufenen, oberirdischen Ausläufern sehr ausbreitungsfreudig. Wie bei der Erdbeere entwickeln sich an den Knoten neue wurzelnde Triebe.
Die Blattunterseiten sind silbrig-weiß behaart und werden bei Trockenheit aufgebogen.
Die helle Unterseite reflektiert das Sonnenlicht und heizt das Blatt weniger auf. Dadurch verdunstet weniger Wasser und die Pflanze trocknet nicht so schnell aus. Diese Eigenschaft lässt die Trittpflanze auch im Sommer zwischen aufgeheizten Pflastersteinen überdauern.
Die Trittfestigkeit der Blätter machte man sich früher zu Nutze, indem man sie als Sohle in Holzschuhen einsetzte.

Gänse-Fingerkraut

Erkunden
Die roten Ausläufer des Gänse-Fingerkrautes mit neuen Trieben an den wurzelnden Knoten suchen!
An heißen Tagen die aufgebogenen, hellen Blattunterseiten betrachten!

Straßen und Wege

Vogel-Knöterich

Der einjährige Vogel-Knöterich kann bis über 50 cm lange Ausläufer bilden, die weithin über den Boden kriechen. Wo er nicht durch Druck von oben belastet wird, kann er auch in die Höhe wachsen.
Da die Pflanze bei Vögeln sehr beliebt ist, wurde sie früher an Vögel verfüttert, daher der Name!

Vogel-Knöterich

Kahles Bruchkraut

Aufgrund der geringen Wuchshöhe von nur 1 bis 2 cm findet das Kahle Bruchkraut in Pflasterfugen Schutz vor mechanischen Beschädigungen. Teppichartig schiebt die Trittpflanze ihre stark verzweigten Triebe aus, an denen nur wenige Millimeter große Blätter sitzen. Die winzigen Blüten stehen zu mehreren kugelig in den Blattachseln beieinander.

Bruchkraut

Liegendes Mastkraut

Das Liegende Mastkraut wird häufig für ein Moos gehalten, weil es mit seinen fadenförmigen Trieben dichte, eng am Boden anliegende, moosähnliche Teppiche ausbildet. Außerdem ist es wintergrün, wie die meisten Moose.

Mastkraut

Einjähriges Rispengras

Das Einjährige Rispengras weist unterirdische Ausläufer auf. Seine hohe Unempfindlichkeit gegen Tritt stellt die Pflanze auch auf Rasenflächen und Viehweiden unter Beweis.

Rispengras

Straßen und Wege

Schnellvermehrer

Je mehr Samen produziert werden, desto höher ist die Wahrscheinlichkeit, dass wenigstens einer von ihnen irgendwo auf fruchtbare Erde stößt, dort keimt und zu einer neuen Pflanze heranwächst.

Hirtentäschel

Der kleine Kreuzblütler ist sowohl eine Rosettenpflanze als auch ein Schnellvermehrer. Schafft es die Pflanze, über die Blüte zur Fruchtreife zu gelangen, bildet sie eine Unmenge von winzigen, kleinen Samen aus. Die herzförmigen Schötchen erinnern an die im Mittelalter von Hirten getragenen Felltaschen, daher der Name.

Bis zu 4 Generationen im Jahr sind möglich; bis zu 50.000 Samen werden pro Pflanze hervorgebracht. Einige dieser winzigen Samen werden es trotz Trittbelastung, Wegspülen durch Regen oder Straßenreinigung schaffen, zu neuen Pflanzen heranzuwachsen.

Die überwinternde Rosette weist ähnliche Blätter wie der Löwenzahn auf. Je nach Belastung und Nährstoffgehalt kann die Höhe des Hirtentäschelkrautes zwischen 2 und 70 cm betragen.

Das Hirtentäschel war früher eine wichtige Heilpflanze. In Kriegszeiten mussten Schulkinder das Kraut für Lazarette sammeln. Frisches, zerstoßenes Hirtentäschelkraut wurde auf die Verletzungen gelegt, um die Blutung zu stillen. „Der liebe Gott hat dieses Kräutlein extra mit vielen kleinen Taschen, ähnlich den Taschen der Schafhirten, ausgestattet, (...) er legt immer etwas Gutes hinein." So hieß es früher über die Heilwirkung!

Hirtentäschel

> **Erkunden**
> Reife Schötchen suchen, aufpulen und die winzigen Samen betrachten!

Behaartes Schaumkraut

Das Behaarte Schaumkraut ist ebenfalls eine Rosettenpflanze und ein Schnellvermehrer. Noch vor etwa 50 Jahren kam es in unserer Landschaft kaum vor. Heute ist das kleine Kraut in fast jedem Garten, an Wegrändern, auf Äckern und Ruderalflächen sowie an den unwirtlichsten Stellen zu finden, so auch in Pflasterritzen. Wie konnte das geschehen?

Das Kraut hat sich im wahrsten Sinne des Wortes explosionsartig ausgebreitet. Es kam ursprünglich unbeabsichtigt mit fremdländischen Pflanzen in unsere Baumschulen und Gärtnereien und hat sich von dort aus verbreitet.

Behaartes Schaumkraut

Straßen und Wege

Eine raffinierte Samenausstreuung trägt zur lebhaften Vermehrung dieser Pflanze bei. Streift man zur Fruchtreife mit der Hand über die Pflanzen, streuen die aufplatzenden Schoten die Samen bis über 1 m weit hinaus. Mit zunehmender Reife steigt der Druck des Zellsaftes an und führt zum Anschwellen der Fruchtwände. Wird der Druck so stark, dass die Wände ihn nicht mehr aushalten können, springt die Frucht auf und schleudert die Samen explosionsartig hinaus. Vorbeistreifende Tiere oder Menschen beschleunigen diesen Prozess. Vielerorts wird das Kraut auch „Springkraut" genannt.

Das einjährige Kraut kann bis zu 30 cm hoch werden, ist aber meist viel kleiner, manchmal nur wenige Zentimeter groß. Blätter und Stängel sind spärlich behaart.

Erkunden
Reife Schoten suchen und durch Berührung aufspringen lassen! Wie weit springen die Samen?

Sonstige Arten in Pflasterritzen

Viele weitere Pflanzenarten sind in Pflasterritzen zu finden, manche davon eher in den Randbereichen, in denen sie nicht so häufig mit Füßen getreten oder überrollt werden. Dazu zählen viele Arten, die wir auch an Wegrändern und auf Brachflächen finden, wie zum Beispiel Berufkraut, Disteln, Franzosenkraut, Gänseblümchen und Weiß-Klee.

Berufkraut

Disteln

Franzosenkraut

Gänseblümchen

Weiß-Klee

Straßen und Wege

Hier ist auch der Spitz-Wegerich zu finden, der jedoch im Gegensatz zu seinem Verwandten, dem Breit-Wegerich, trittempfindlicher ist. Mancherorts finden sich in Pflasterritzen auch größere Pflanzen, wie zum Beispiel die Wilde Malve und die Weg-Rauke.

Spitz-Wegerich

Weg-Rauke

Wilde Malve

Straßen und Wege

Moose in Pflasterritzen

In den Pflasterritzen sind häufig auch Moose angesiedelt. Das sind sehr langsam wachsende Pflanzen, die nicht besonders hoch werden und sich vielerorts gegenüber den meisten anderen Pflanzenarten nur schlecht behaupten können. Sie werden schnell von diesen überwuchert und verdrängt. In Pflasterritzen ist die Konkurrenz dagegen nicht so groß.

Braune Pflanzen

Mancherorts sieht man zwischen den Fugen braune Pflanzen sprießen. Schaut man genauer hin, handelt es sich um verschiedene Pflanzen, die alle abgestorben sind. Das kann manchmal in sehr heißen, regenarmen Sommern beobachtet werden, oder jemand hat mit giftigen Substanzen die Pflanzen gespritzt und abgetötet. Sieht das schöner aus als frische, grüne Pflanzen?

Gepflasterte Plätze

In vielen Städten finden sich gepflasterte Plätze wie Markt-, Kirch- und Schulplätze. Es herrschen ähnliche Bedingungen wie auf den gepflasterten Straßen. Hier stehen an Markttagen Stände, Menschen gehen einkaufen, Kirchgänger laufen übers Pflaster, Schüler rennen und toben. Da die Bedingungen denen der gepflasterten Straßen ähneln, können auf gepflasterten Plätzen die gleichen Pflanzen- und Tierarten gefunden werden.

Tiere in Pflasterritzen

Auf und zwischen den Pflastersteinen und auf Straßenasphalt lassen sich nicht viele Tiere beobachten. Einige Ameisen laufen durch die Fugen, und von Zeit zu Zeit traut sich eine Schnecke über das Pflaster.
Häufig sieht man tote, überfahrene Tiere auf dem Straßenbelag. Das ist im wahrsten Sinne des Wortes „ein gefährliches Pflaster"!

Straßen und Wege

Pflanzenfavorit

	Einzelspiel		Frühling, Sommer, Herbst		5–11
	--		begrenzter, nicht befahrener Teil eines Marktplatzes, Parkplatzes oder Schulhofes mit Pflasterritzen		

Jedes Kind sucht sich eine in einer Pflasterritze wachsende Pflanze aus, ohne den Mitspielern zu verraten, um welche es sich handelt. Das Kind prägt sich möglichst genau ein, wie diese Pflanze aussieht. Es sollen Größe der Pflanze, Form der Blätter sowie Farbe und Form von eventuell vorhandenen Blüten erkundet werden. Gepflückt wird die Pflanze nicht!

Sind die Kinder wieder beisammen, stellen sich alle in einem Kreis auf und jeder stellt reihum seine Pflanze in 2 bis 3 Sätzen vor. Pflanzennamen dürfen nicht genannt werden. Diejenigen Kinder, die meinen, die gleiche Pflanze erwählt zu haben, schließen sich zusammen und machen sich nach der Vorstellrunde gemeinsam auf, um eine Übereinstimmung zu prüfen.

Wie viele verschiedene Pflanzenarten wurden gewählt?

Straßen und Wege

Gefährliches Pflaster

	Gruppenspiel		ganzjährig		5–11
	2 kleine Bälle		nicht befahrener Platz / nicht befahrene Straße		

Straßen sind ein gefährliches Pflaster! Wir Menschen wissen das, Tiere jedoch nicht. Sie laufen, rennen oder kriechen darüber hinweg. Wenn sie Pech haben, werden sie überfahren.

Es wird ein etwa 8 bis 10 m langes Straßenstück abgesteckt. Je 2 Kinder stellen sich ans schmale Ende dieses Spielfeldes, sodass sich jeweils 2 Spieler gegenüber stehen und ein Paar bilden. Jedes Paar besitzt einen Ball, der ein Auto darstellen soll. Die anderen Kinder sind Schnecken, die die Straße überqueren wollen (quer zum Spielfeld). Das tun sie, indem sie im Gänsefüßchenschritt langsam über die Straße kriechen. Beim Vorsetzen der Füße sollen diese dicht über den Boden geschoben werden, damit sie nicht auf einen der Bälle treten. Da Schnecken die von Autos ausgehende Gefahr nicht erkennen können, schließen die Kinder die Augen. Gibt der Spielleiter das Startkommando, bewegen sich die Schnecken über die Straße. Die Kinder mit den Bällen rollen sich diese immer wieder zu. Wird eine Schnecke vom Ball getroffen, gilt diese als überfahren. Die Schnecke scheidet aus und bleibt stehen.

Das Überqueren der Straße kann mehrmals wiederholt werden. Gibt es Überlebende? Gut, dass wir Menschen sehen können und von der Gefahr, eine Straße zu überqueren, wissen!

Straßen und Wege

Straßenränder

Pflanzen an Straßenrändern

Von den Straßen- und Wegrändern innerhalb der Stadt sind viele mit Zierpflanzen bestückt und beetartig bepflanzt. Je weiter man sich vom Stadtkern zum Stadtrand bewegt, desto eher kommen rasenähnliche Grünflächen vor.
Erst am Stadtrand sind auch Straßen- und Wegränder mit einer Vielzahl unterschiedlicher, bunt blühender Pflanzenarten anzutreffen. Im Stadtkern finden sich jedoch auch Wildpflanzen vor. Es sind meist unterschiedliche Grasarten und auch widerstandsfähige, tritt- und schnittfeste Pflanzenarten wie Löwenzahn, Weiß-Klee, Vogelmiere, Huflattich, Mäusegerste und Gänseblümchen.

Huflattich

Mäusegerste

Löwenzahn

Der Löwenzahn ist eine sehr robuste Pflanze. Sowohl Schnitt als auch Tritt verträgt er. Vielerorts schafft er es trotzdem, zu blühen und seine Samen in den Wind zu entlassen. Zudem breitet er sich über unterirdische Sprosse aus.

Löwenzahn

» 24

Straßen und Wege

Weiß-Klee

Auch dem Weiß-Klee kann Schnitt und Tritt wenig anhaben. Deshalb ist er zum Beispiel auch auf Wiesen und vor allem auf Kuhweiden zu finden. Auf den mehrfach geschnittenen Grünflächen in der Stadt ist die Pflanze mit den oberirdischen Ausläufern häufig anzutreffen. Das Wurzelwerk reicht tief in den Boden, um Wasser und Nährstoffe aufzunehmen.

Innerhalb des Blütenköpfchens blühen die Einzelblüten von unten nach oben auf bzw. verblühen auch in dieser Reihenfolge. Nach der Bestäubung welken die Blüten und lassen sich einfach hängen.

Weiß-Klee

Vogelmiere

Die Pflanze blüht und fruchtet fast das ganze Jahr hindurch und bildet unzählige Samen aus. Kleinste abgeschnittene oder abgerissene Stängelteile der Vogelmiere bewurzeln sich und können zu neuen Pflanzen heranwachsen. Am Straßenrand ist die Pflanze häufig um Baumstämme oder Straßenschilder herum zu entdecken. Wo sie einmal auftritt, breitet sie sich schnell aus. Sogar unbepflanzte Pflanzkübel vermag sie zu erobern.

Die Vogelmiere wird auch als „Hühnerdarm" bezeichnet. Sie wird gern von Vögeln und Hühnern gefressen und weist beim Auseinanderziehen darmähnliche Leitgewebe für Wasser und Nährstoffe auf. Der Stängel ist einreihig behaart.

Vogelmiere

Erkunden
Stängel der Vogelmiere vorsichtig auseinanderziehen, um den „Darm" sichtbar zu machen! Einreihige Behaarung des Stängels betrachten!

Straßen und Wege

Die Straßen- und Wegränder am Stadtrand, im Übergangsbereich zur freien Landschaft, sind sehr vielfältig. Hier können die unterschiedlichsten Pflanzenarten auftreten wie zum Beispiel Spitz-Wegerich, Wiesenkerbel, Wilde Möhre, Roter Wiesen-Klee, Wiesen-Labkraut, Wegwarte oder Orangerotes Habichtskraut. Auch Johanniskraut, Beifuß, Kratz-Distel und Taubnesseln sind zu entdecken.

Spitz-Wegerich

Wiesenkerbel

Wilde Möhre

Straßen und Wege

Wiesen-Klee

Wiesen-Labkraut

Wegwarte

Orangerotes Habichtskraut

Johanniskraut

Beifuß

Straßen und Wege

Kratz-Distel

Gefleckte Taubnessel

Heutzutage sieht man vielerorts eingesäte, straßenbegleitende Flächen mit auffällig bunten Blumenmischungen. In diesen Saatmischungen finden sich neben nicht heimischen Pflanzenarten auch viele heimische Wildpflanzenarten.

Tiere an Straßenrändern

Je mehr Wildpflanzen auf den straßenbegleitenden Grünflächen zum Blühen kommen, desto mehr Schmetterlinge, Hummeln, Bienen und andere Insekten sind hier auf der Suche nach süßem Nektar zu entdecken. Leider fallen viele dieser Tiere dem Straßenverkehr zum Opfer. Sie kollidieren mit Fahrzeugen, sei es, dass sie überfahren werden oder an den Windschutzscheiben landen.
Auch Vögel, wie zum Beispiel Amseln und Sperlinge, die häufig sehr nah über dem Boden fliegen, um den Straßenrand auf der anderen Straßenseite oder Essbares von der Straße anzusteuern, sind durch den Verkehr gefährdet.

Straßen und Wege

Löwenzahnsuche

	Gruppenspiel		Frühling, Sommer		8–11
	--		verkehrsberuhigter Weg, möglichst vom Stadtrand zur Innenstadt		

Außerirdische sind am Stadtrand notgelandet. Alle ihre Vorräte sind verbraucht. Schnell stellen sie fest, dass im Löwenzahn alle Nährstoffe enthalten sind, die sie zum Überleben brauchen. Hier am Stadtrand finden sie genug Nahrung.

Um wieder in den Weltraum starten zu können, müssen sie jedoch auf einen möglichst hohen Turm klettern. Da haben sie den Kirchturm im Auge. Finden sie auf dem Weg vom Stadtrand zum Kirchturm auch genügend Löwenzahn am Straßenrand, damit sie überleben können?

Es wird eine Strecke abgelaufen, auf der nach dem Löwenzahn Ausschau gehalten wird. Gibt es viele straßen- und wegbegleitende Flächen, auf denen der Löwenzahn zu finden ist?

 **Gefährliches Pflaster** (S. 23)

Straßen und Wege

Straßenbäume

Bäume prägen das Bild der Stadt und verleihen ihr einen individuellen Charakter. Ein- oder beidseitig folgen sie als Straßenbäume dem Lauf der Straße, umrahmen Marktplätze oder begrünen Kirchhöfe und sonstige Plätze in der Stadt.

Außerdem nehmen Bäume wichtige Funktionen für uns Menschen ein. Zum einen beschatten sie Straßen und Plätze und schaffen Abkühlung in heißen Sommern. Zum anderen „schlucken" Bäume den Lärm, filtern Schadstoffe aus der Luft und verbessern durch die Kohlendioxid-Bindung und Sauerstoffproduktion das Stadtklima. Nicht umsonst werden sie als „grüne Lunge" bezeichnet. Bäume bieten zudem Lebensraum für eine große Anzahl heimischer Tierarten. Mit dem Farbenspiel ihrer Belaubung zeigen sie uns auch in der Stadt den Wechsel der Jahreszeiten. Baumbestandene Plätze sind kleine Erholungsoasen in der Stadt.

Alleen
Eine Allee ist eine Straße, die an beiden Seiten von Straßenbäumen gesäumt wird. Sie kann aus nur einer Baumart bestehen oder aus mehreren verschiedenen.

Heilige Bäume
Bäume wurden früher nicht nur wegen der Beschattung in die Dörfer und Städte geholt. Einige Arten wurden als heilige Bäume verehrt, so zum Beispiel Eichen und Linden. Die Eiche war zum Beispiel dem Gott Donar (germanischer Donnergott) geweiht, die Linde der Göttin Freya (germanische Göttin der Liebe) und später der Mutter Gottes (Marienlinden).

Bäume, die in der Stadt angepflanzt werden, müssen besonderen Ansprüchen genügen. In der Stadt ist es wärmer als im Umfeld, denn das Straßenpflaster heizt sich auf und reflektiert die Wärme. Meist ist nur wenig Platz für die Wurzeln vorhanden, der Boden ist verdichtet und trocknet unter Umständen schnell aus. Stadtbäume, besonders diejenigen entlang der Straßen, müssen sowohl die vielen Autoabgase, sonstige Luftverunreinigungen und Benzinablagerungen als auch das Streusalz im Winter vertragen können. Häufig werden Baumrinden oder Wurzelwerk durch Autos oder zum Beispiel Bauarbeiten beschädigt. Zudem müssen Bäume in der Stadt schnittverträglich sein.

Straßen und Wege

Nicht alle heimischen Baumarten können diesen Ansprüchen genügen. Viele fremdländische Arten sind den Bedingungen in der Stadt besser angepasst und daher häufig im Stadtbild zu finden. Dazu zählen unter anderem Platane, Baumhasel, Robinie und Gingko.

Platane

Robinie

Straßen und Wege

Baumhasel

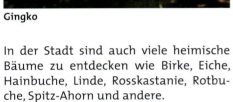
Gingko

In der Stadt sind auch viele heimische Bäume zu entdecken wie Birke, Eiche, Hainbuche, Linde, Rosskastanie, Rotbuche, Spitz-Ahorn und andere.
Unter den heimischen Baumarten gibt es drei, die während ihrer Blütezeit besonders auffallen: Spitz-Ahorn, Linde und Rosskastanie. Durch ihre üppige Blütenpracht sind sie schon von Weitem gut zu erkennen.

Spitz-Ahorn

Schon zeitig im Frühjahr fällt der Spitz-Ahorn weithin durch die zahlreichen gelbgrünen Blütenstände auf. Sie sitzen an den noch unbelaubten Bäumen, zuerst aufrecht, später lassen sie sich hängen. Nicht nur das menschliche Auge erfreut sich an dem dekorativen Straßenbaum. Aufgrund des frühen Blühtermins ist er eine wichtige und gut besuchte Bienenweide.
Erst nach der Blüte erscheinen die markanten Blätter mit den fünf spitz zulaufenden Blattlappen.

Straßen und Wege

Spitz-Ahorn

Rosskastanie

Die Rosskastanie entwickelt im zeitigen Frühjahr auffällig dicke Blattknospen, aus denen die großen fingerförmigen Blätter sprießen. Kein anderer heimischer Baum hat gefingerte Blätter. Im Mai und Juni steht die Rosskastanie in voller Blüte. Sie entwickelt eine Vielzahl von großen, kerzenförmigen Blütenständen, die aus jeweils 100 bis 200 Einzelblüten bestehen.

„Wie trägt sie bloß / ihr hartes Los / in Straßenhitze und Gestank. / Und niemals Urlaub, keinen Dank! / Bedenke, Gott prüft sie nicht nur, / er gab ihr auch die Rossnatur." So schrieb der Dichter K. H. Waggerl (1897–1973) über die Rosskastanie.

Rosskastanie

Straßen und Wege

Linde

Zahlreiche Lindenarten sind in unseren Städten zu finden. Auch die heimischen Sommer- und Winterlinden zählen dazu. Sie sind an den herzförmigen Blättern gut zu erkennen. Ihre Blütezeit ist im Juni. Dann sind die Bäume mit einer Vielzahl von kleinen weißlichen Blüten übersät. Auch Lindenblüten liefern köstlichen Nektar für Bienen und andere Insekten.

Während Bienen für die Erzeugung von „Lindenblütenhonig" tatsächlich den Nektar der Blüten sammeln, sind es beim „Lindenhonig" (auch Honigtau genannt) die Ausscheidungen von Blattläusen, die auf den Blättern sitzen. Autofahrer, die schon einmal im Sommer unter Linden geparkt haben, kennen den leicht abwaschbaren, klebrigen Zuckersaft. In vielen Orten gab es früher „Gerichtslinden". Die alten Germanen verehrten die Göttin Freya, die für Liebe, Glück und Gerechtigkeit stand, in der Linde. Freyas Baum, so glaubten die Menschen, könne bewirken, dass die reine Wahrheit ans Licht komme. Daher wurden früher unter Linden Gerichtsverhandlungen abgehalten. Heute wird die Linde der Mutter Maria geweiht (Marienlinden). Auf vielen Kirchplätzen sind Linden zu finden.

Linde

Tiere auf Straßenbäumen

Neben vielen Insekten, welche die Blüten der Bäume bestäuben, auf den Blättern sitzen und an diesen saugen, wie zum Beispiel Blattläuse, finden sich vor allem in hohen Straßenbäumen Vogelarten, die hier Nahrungs- und manchmal sogar Nistmöglichkeiten finden.

Straßen und Wege

Baumkartierung

	Gruppenspiel (möglichst kleine Gruppen)		April, Mai, Juni		8–11
	Ausschnitt aus dem Stadtplan in 4-facher Ausführung, verschiedenfarbige Stifte		Autofreier Innenstadtbereich mit Straßenbäumen, kleiner baumbestandener Platz, Park, Friedhof...		

Die Bienenkönigin hat einige Honigbienen aus ihrem Bienenstock ausgewählt, die sich gut in der Stadt auskennen. Sie sollen für die kommende Honigproduktion Karten erstellen, auf denen im Frühjahr Spitz-Ahorne, Rosskastanien und Linden kartiert werden, damit die anderen Bienen diese Bäume anfliegen und den Nektar sammeln können.

Auf gemeinsamen Erkundungsgängen werden die von den Kartierbienen vorgefundenen, blühenden Bäume mit kleinen Kreuzchen in die Karte eingetragen. Im April geht es auf Spitz-Ahornblütensuche, im Mai werden Ross-Kastanienblüten aufgenommen und im Juni Lindenblüten.
Nach der dritten Kartierung können alle Kreuzchen der drei unterschiedlichen Bäume mit verschiedenen Farben in eine neue Karte übertragen und verglichen werden. Wird es mehr Ahorn-, Kastanien- oder Lindenblütenhonig geben?

Wissen die Kinder, wie sich Bienen tatsächlich orientieren? Diese Tiere können weder Karten lesen, noch Kreuzchen darin eintragen. Wie teilen Bienen ihren Artgenossen mit, wo blühende Bäume zum Nektarsammeln stehen?

Straßen und Wege

Tipp
Baumkartierungen können das ganze Jahr über durchgeführt werden. Ganzjährig eignen sich zum Beispiel Birke und Platane, da sie auch im Winter gut an den Rinden zu erkennen sind. So kann nach und nach ein ganzes Baumkataster (zusammengeführt auf einer Karte) erstellt werden.

Birke

Platane

Bienchen, Bienchen such den Nektar! (S. 97)

» 36

Straßen und Wege

Hecken und Gebüsche

Hecken sind linienförmig angelegte Gehölzstreifen aus Sträuchern, die mit einigen Jahren Abstand beschnitten oder hin und wieder kurz über dem Boden „auf den Stock gesetzt" werden. Im Gegensatz zu diesen „frei wachsenden Hecken" unserer Landschaft, werden „Schnitthecken" in Gärten und Parkanlagen mit mehreren Schnitten pro Jahr in geometrische oder runde Formen geschnitten. In Hecken werden nur solche Gehölze gepflanzt, die Schnitt vertragen und gut wieder austreiben. Früher wurden Hecken zur Einzäunung von Viehweiden angepflanzt.

Hecken und Gebüsche aus Wildsträuchern und -kräutern sind in der Stadt nicht häufig anzutreffen. Städtische Hecken und Gebüsche setzen sich vor allem aus Ziergehölzen und unterpflanzten Zierpflanzenrabatten zusammen. Hier und da sind jedoch auch Heckenabschnitte und Gebüsche aus Wildgehölzen zu entdecken.

In kleinen Gruppen zusammenstehende Sträucher und kleine Bäume werden als „Gebüsch" bezeichnet. Hecken und Gebüsche weisen einen hohen ökologischen Wert auf. Sie bieten zahlreichen Pflanzenarten einen Lebensraum und damit einer Vielzahl heimischer Tierarten Nahrung und Unterschlupf. Auch beeinflussen sie das Kleinklima in positiver Weise. Sie produzieren Sauerstoff und bremsen den Wind. Es sind mehr oder weniger breite Wildkrautsäume vorhanden.

Straßen und Wege

Holunder

Im Frühsommer steht der Holunderbusch in voller, duftender Blütenpracht.

Aus den einzelnen kleinen Blüten entwickeln sich bis zum Spätsommer die schwarzen, saftigen Steinfrüchte.

Holunderblütentee und auch Holunderbeerensaft sind Heilmittel gegen Erkältungen. Roh sind Holunderbeeren für den Menschen allerdings giftig. Holunderzweige sind rissig, von dicken Warzen übersät und enthalten ein weiches, weißliches Mark.

Das Mark lässt sich leicht entfernen, weshalb sich Holunderzweige gut zur Anfertigung von Flöten und Blasrohren eignen.

Holunder

Erkunden
Einen Holunderstängel durchbrechen und das weiße Mark herauspulen!

» 38

Straßen und Wege

Wild-Rose

Die heimische Wild-Rose wird auch „Hecken-" oder „Hunds-Rose" genannt. Rosen haben keine Dornen, sondern Stacheln. Dornen sind umgebildete Spross- oder Blattansätze und mit der Rinde verwachsen. Stacheln dagegen sind umgebildete Teile der Rinde und lassen sich leicht ablösen. Mit Hilfe der Stacheln ist die Rose in der Lage, an anderen Pflanzen empor zu klettern. Die Zweige sind grün und können wie Blätter Sauerstoff produzieren.

Von Mai bis Juni erscheinen, duftende, weiße bis rosafarbene Blüten mit 5 unterschiedlich gestalteten Kelchzipfeln, im Herbst die roten Hagebutten. An den Kernen in den Hagebutten sitzen kleine, mit Widerhaken besetzte Härchen, die als Juckpulver eingesetzt werden können.

Wild-Rose

> **Experimentieren**
> Freiwillige vor, um das Juckpulver zu testen!

Blutroter Hartriegel

Typisch für den Blutroten Hartriegel sind die rot gefärbten Zweige, vor allem im Winter. Die Blätter stehen sich an den Zweigen unmittelbar gegenüber und werden daher als „gegenständig" bezeichnet (im Gegensatz zur wechselständigen Blattstellung).
Das harte Holz wurde früher für Türriegel eingesetzt, mit den dunklen Früchten wurden Kleider gefärbt.

Blutroter Hartriegel

39

Straßen und Wege

Haselstrauch
Der Haselstrauch bildet schon im Herbst die männlichen Haselkätzchen aus, die im Januar / Februar in voller Blüte stehen. Im Herbst reifen die Haselnüsse.

Hasel

Brombeere
Die Brombeere behält ihre Blätter den ganzen Winter über an den Zweigen. Erst wenn im Frühjahr die neuen Blätter erscheinen, werden die alten abgeworfen. Mit den Stacheln vermag der Strauch an anderen Pflanzen oder an Zäunen empor zu ranken.

Brombeere

Weißdorn
Im Frühjahr ist der Weißdorn mit weißen Blüten übersät, die sich im Laufe des Sommers zu roten Früchten entwickeln. Für Vögel sind diese Früchte ein Leckerbissen. Am ganzen Strauch sind spitze Dornen vorhanden.

Weißdorn

Straßen und Wege

Beispiele für Erkundungsmöglichkeiten im Jahreslauf

Viele der Bestimmungsmerkmale lassen sich natürlich auch zu anderen Jahreszeiten als den hier angegebenen beobachten.

Sträucher / Jahreszeiten	Frühling	Sommer	Herbst	Winter
Blutroter Hartriegel		Blüten, gegenständige Blattstellung	dunkle Früchte	blutrote Zweige
Brombeere	alte und neue Blätter an einem Strauch	Blüten	Brombeeren	grüne Blätter, Stacheln
Haselstrauch		herzförmige Blätter	Haselnüsse	Haselkätzchen
Holunder		duftende Blüten, gefiederte Blätter	dunkle Früchte	rissige, mit Warzen übersäte Rinde, weißes Mark
Weißdorn	weiße Blütenpracht		rote Früchte	Dornen
Wild-Rose		duftende Blüten mit 5 unterschiedlichen Kelchblättern, gefiederte Blätter	Hagebutten	Hagebutten, grüne Zweige, Stacheln

Unter den Gehölzen sind vor allem im Frühjahr Wildkrautsäume mit blühenden Kräutern zu entdecken. In Städten werden diese meist frühzeitig und häufig gemäht.

Scharbockskraut

Zeitig im Frühjahr sind unter Hecken und Gebüschen Frühblüher zu finden, zum Beispiel das Scharbockskraut mit seinen leuchtend gelben Blüten. Es bildet meist große Teppiche aus.

Scharbockskraut

41

Straßen und Wege

Das Scharbockskraut vermehrt sich nicht nur über Samen. Es bildet unterirdisch auch Wurzelknöllchen aus und oberirdisch, zwischen den Blattachseln, getreidekorngroße Brutknöllchen. Aus beiden können sich neue Pflanzen entwickeln.

Erkunden
Eine Pflanze mit Wurzeln aus dem Boden ziehen und Wurzelknöllchen wie auch Brutknöllchen in den Blattachseln anschauen!

Giersch
Ab März sieht man auch den Gemeinen Giersch unter Hecken und Gebüschen hervorsprießen. Eng zusammengefaltet kommen die Blätter aus dem Boden. Typisch sind die dreikantigen Blattstiele. Aufgrund der zahlreichen unterirdischen Ausläufer bilden sich dort, wo der Giersch vorkommt, meist große Bestände. Bevor die Pflanze blüht, wird sie in der Stadt aber meist abgemäht.

Giersch

Erkunden
Den dreikantigen Blattstängel erfühlen!

Brennnessel
Die Große Brennnessel liebt nährstoffreichen Boden und ist in der Stadt an vielen Stellen zu finden.

Brennnessel

Knoblauchsrauke

Die Knoblauchsrauke blüht weiß und weist an den Stängeln Blätter auf, die denen von Brennnesseln ähneln. Die Grundblätter sind herzförmig. Wie der Name sagt, duftet und schmeckt die Knoblauchsrauke nach Knoblauch. In der Stadt wachsende Pflanzen können zerrieben werden, um ihren Duft zu entlocken. Gegessen werden sollten sie nicht, da Pflanzen in der Stadt häufig von Abgasen, Hundekot und ähnlichem verunreinigt sind.

Knoblauchsrauke

Erkunden
Blätter der Knoblauchsrauke zerreiben und daran riechen!

Straßen und Wege

Was gehört hier nicht hin?

	Paarspiel		Frühjahr, Sommer, Herbst		3–11
	Alltagsgegenstände		Park, Schulhof oder Kindergarten mit Heckenabschnitt		

Auf einem ruhigen Heckenabschnitt im Park, am Schulhof oder Kindergarten werden unbemerkt von den Kindern einige Gegenstände ausgebracht, die dort nicht hingehören. Diese können zum Beispiel auf dem Boden platziert werden: Plastikblume, Schokoladenkäfer, Kerze, Coladose, Apfelsine... Auch die Zweige und der Stammbereich werden einbezogen: Papierblüte anbringen, Lametta oder Weihnachtskugel aufhängen, zwei Magnete an ein Blatt hängen, Ohrring oder Armband aufhängen, Zweig durch Streichholzschachtel ziehen, Nest aus bunten Wollfäden, Kugelschreiber an Zweig... Da ist der Phantasie keine Grenze gesetzt. Je nach Alter der Kinder können drei bis zehn Gegenstände oder mehr ausgebracht werden.

Nun gehen die Kinder paarweise mit einigem Abstand an der Hecke entlang. Sie sollen sich die Dinge, die nicht dorthin gehören, merken oder aufschreiben. Dabei darf nichts verändert werden.
Welche Gruppe entdeckt die meisten Fehler?

Mauern und Häuser

Mauern

Seit Jahrhunderten prägen Mauern das Bild unserer Städte und Dörfer. Sie umgeben schützend Haus und Hof, umschließen Gärten, Friedhöfe und sogar ganze Städte.
Vielerorts sind Zeugen alter Stadtmauern noch ganz oder zumindest teilweise zu entdecken.
Als „lebendige Mauern" werden solche bezeichnet, die Ritzen und Fugen aufweisen, in denen Pflanzen und Tiere leben können. Diese vom Menschen geschaffenen Felsstandorte weisen jedoch besondere Standortbedingungen auf. Nur wenige unserer heimischen Pflanzen sind in der Lage, hier zu überdauern. Sonnen- und Schattenseiten der Mauern weisen unterschiedliche Temperaturen und damit unterschiedliche Lebensbedingungen auf und werden von unterschiedlichen Pflanzen- und Tierarten besiedelt. Auch oben auf der Krone und unten am Fuß der Mauer sind Pflanzen und Tiere zu entdecken. Hohe Natursteinmauern mit geeigneten Nischen bieten sogar Zaunkönig, Rotkehlchen oder Hausrotschwanz ein ruhiges Plätzchen, um ihre Nester anzulegen.
In vielen Städten gibt es Treppen aus Steinstufen. Wenn hier Fugen und Risse vorhanden sind, können sich auch hier typische Mauerpflanzen ansiedeln.

Ritzen und Fugen

Durch Wind wird Feinerde in die Ritzen und Fugen eingebracht. Ebenfalls durch Windeintrag oder auch durch Vogelkot gelangen hier Samen hinein und keimen.
Tiere finden hier Gelegenheiten zum Nisten und um sich zu verstecken. Besonders viele Möglichkeiten der Ansiedlung von Pflanzen und Tieren bieten Mauern, die ohne Mörtel als Trockenmauer aufgeschichtet wurden.

Erkunden
Sind Risse und Fugen in der Mauer zu finden? Wie groß sind sie? Kann man einen Finger hineinstecken oder sogar die ganze Hand? Oder finden sich nur feine Risse?

Stützmauer

Mauern, die von einer Seite mit Erdmaterial in Kontakt stehen, nennt man „Stützmauern". Sie werden vor allem dort angelegt, wo Hangbereiche abzustützen sind. Stützmauern müssen den starken Druck, der von den Erdmassen ausgeht, aushalten können.

Mauern und Häuser

Die vielfältigen Lebensgemeinschaften der Natursteinmauern fallen häufig Säuberungs- und Sanierungsmaßnahmen zum Opfer. Als Begründung wird meist angeführt, dass die Pflanzen das Mauerwerk zerstören, vor allem die Gehölze. In den Mauerritzen kommen Gehölzkeimlinge jedoch nur selten über das Sämlingsstadium hinaus, da ihnen zum Überleben nicht genug Erde zur Verfügung steht. Durch Neuverputz oder sogar Verblendung mit Zementmörtel werden nicht nur die Pflanzen selbst, sondern auch die Samenvorräte vollständig vernichtet. Pflanzen und Tiere können sich hier nicht mehr ansiedeln.

Auf der sonnigen Seite

Die Mauerseiten, die der Sonne zugewandt sind, heizen sich stark auf, speichern die Wärme und geben sie nur langsam wieder ab. Hier können nur solche Pflanzen wachsen, die in der Lage sind, diese Wärme und vorübergehende Trockenheit zu verkraften. So haben viele dieser Pflanzenarten ihr Hauptvorkommen im Mittelmeerraum, wie zum Beispiel das Zimbelkraut. Aber auch heimische Arten wie Löwenzahn, Gundermann, Johanniskraut, Nachtkerze und Veilchen sind hier zu finden.

Löwenzahn

Gundermann

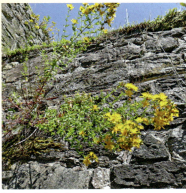
Johanniskraut

Königskerze

Veilchen

Mauern und Häuser

Zimbelkraut

Das Zimbelkraut stammt aus dem Mittelmeerraum und ist immergrün. Um möglichst viele Insekten anzulocken, weisen die rotvioletten Blüten gelbe Mundflecken auf, die wie große, pollengefüllte Staubbeutel aussehen. Die richtigen Staubbeutel liegen jedoch in der Blüte verborgen.

Zimbelkraut

Auch für die Verbreitung der Samen hat das Zimbelkraut eine raffinierte Methode entwickelt. Die reifen Samen sollten möglichst nicht auf den Boden fallen, sondern in die Risse und Fugen gelangen, damit sie dort keimen können. Geschickt manövriert die Pflanze die Samen in diese hinein. Während der Stiel mit der Blüte das Licht sucht und die Blüte der Biene zur Bestäubung anbietet, wendet sich der Stiel mit der Frucht von der Sonne ab, der Mauer zu und bringt die Kapsel mit den Samen in einen Spalt ein. Dort können sie dann keimen.

Erkunden
Falsche und echte Staubbeutel suchen und betrachten! Sind zur Wand hin gerichtete Samenkapseln zu entdecken?

Viele wärmeliebende Tierarten schätzen die warmen Südseiten der Mauern. In den Hohlräumen und Ritzen finden sie ideale Behausungen. Spinnen jagen an der Mauer nach Beute, Wildbienen und Schmetterlinge werden im Sommer vom Blütenreichtum der Mauerpflanzen angelockt. Auch Heuschrecken sind hier zu finden und Eidechsen nehmen auf den Steinen gern ein Sonnenbad.

Kleiner Fuchs **Heuschrecke**

Mauereidechse

Eidechse

Eidechsen zählen zu den Kriechtieren (Reptilien). Diese meiden feuchte und schattige Bereiche. Mit Vorliebe suchen sie dagegen trockene, sonnige Stellen auf, wie zum Beispiel die Sonnenseite einer Mauer. Wenn sich Eidechsen gestört fühlen, verstecken sie sich schnell zwischen den Steinfugen. Das gelingt Mauereidechsen besonders gut, da ihr Körper im Gegensatz zu denen unserer anderen heimischen Eidechsenarten relativ flach ist. Mauereidechsen können zudem gut klettern, auch an senkrechten, fast glatten Flächen. Dabei werden sie von den kräftigen Beinen und dem langen Schwanz unterstützt. Ihre Nahrung besteht aus Spinnen und Insekten. Viele Eidechsen halten ihre Winterruhe in Fugen von Mauern oder Felsen.

> **Erkunden**
> Wo ist die Sonnenseite der Mauer und wo die Schattenseite? Lassen sich Temperaturunterschiede der Steine an der schattigen und sonnigen Mauerseite mit den Handflächen erfühlen?

Auf der schattigen Seite

Auf der vorwiegend im Schatten oder Halbschatten liegenden Seite der Mauern leben Pflanzen und Tiere, die feuchtere und kühlere Lebensbedingungen bevorzugen. Dazu zählen Efeu und Gelber Lerchensporn. Efeu findet sich hier besonders häufig.
3 kleinere Vertreter der Tüpfelfarne (Mauerraute, Braunstieliger Streifenfarn und Gewöhnlicher Tüpfelfarn) sind wie der Efeu immergrün und somit auch im Winter zu entdecken. Charakteristisch für Farne sind die anfangs spiralig eingerollten Blätter. Nach und nach entrollen sie sich und entwickeln sich zu typischen Farnwedeln. Auf deren Unterseite bilden sich in den Sporenbehältern Sporen, aus denen auf kompliziertem Wege wieder neue Pflanzen entstehen.

Efeu

Der immergrüne Efeu ist ein Kletterstrauch und die einzige europäische Kletterpflanze, die in der Lage ist, aus den bürstenförmigen Haftwurzeln, mit denen sie Wände, Mauern und Gehölze hochklettert, Nährwurzeln zu bilden, sobald sie auf ein Krümelchen Erde stößt. Der Efeu klettert auch an Fassaden von Häusern oder anderen Wänden hoch.

Efeu

> **Erkunden**
> Haftwurzeln des Efeus suchen!

49 »

Mauern und Häuser

Gelber Lerchensporn

Der Gelbe Lerchensporn wächst sowohl am Mauerfuß, an den Wänden als auch auf der Mauerkrone. Er ist bei uns nicht heimisch, ursprünglich stammt er aus felsigen und schuttreichen Standorten in den Südalpen. Die Pflanze weist ein farnartiges, helles Blattgrün auf und gelbe Blüten mit einem Sporn. Sie blüht von Mai bis September.

Auch der Gelbe Lerchensporn hat eine raffinierte Methode entwickelt, seine Samen zu verbreiten. An diesen sitzen kleine, süße Anhängsel, die Zucker enthalten. Ameisen werden von diesem schmackhaften „Botenbrot" angelockt. Verschleppen sie die Beute in ihren Bau, können unterwegs Samen verloren gehen. Einige davon keimen zu neuen Pflanzen heran, und schon sind neue Standorte mit dem Gelben Lerchensporn besiedelt.

Lerchensporn

> **Erkunden**
> Samen aus den Schoten pulen und das süße Anhängsel suchen!

Mauerraute

Mauerraute

Der Name „Mauerraute" bezieht sich auf die mehr oder weniger rautenförmigen Blattfiedern. Von Juli bis September kann man auf der Unterseite der Blätter längliche Sporenbehälter entdecken.

Mauern und Häuser

Braunstieliger Streifenfarn

In der Nachbarschaft der Mauerraute ist häufig eine verwandte Art zu finden: der Braunstielige Streifenfarn. Der zarte Farn ist an den einfach gefiederten Blättchen und dem auffällig glänzenden dunkelbraunen Stiel leicht zu erkennen. Auch seine Fiederblättchen weisen streifenförmige Sporenbehälter auf.

Braunstieliger Streifenfarn

Tüpfelfarn

Tüpfelfarn

Der Tüpfelfarn wird auch „Engelsüß" genannt, weil er einen bis zu 1 cm dicken, braunschuppigen Wurzelstock ausbildet, der intensiv süß schmeckt. Kinder lutschten die Rhizome früher als Lakritz-Ersatz. Die häufigere Bezeichnung „Tüpfelfarn" bezieht sich auf die kreisrunden Sporenbehälter auf der Unterseite der Wedel, die für die ganze Familie der Tüpfelfarne charakteristisch sind.

> ### Erkunden
> Wie viele verschiedene Farnarten können auf der Mauer entdeckt werden? Sind auf den Unterseiten der Blätter die Sporenbehälter zu finden? Was sind die Unterschiede?

Mauern und Häuser

Schnecken, Frösche, Mäuse und andere Kleintiere wie zum Beispiel Asseln verstecken sich in den schattigen Ritzen und Fugen der Mauern. Dort finden sie Unterschlupf vor Feinden oder sie ziehen sich bei Regen oder Hitze dorthin zurück.

Schnecke

Die Weinbergschnecke mag kalkreichen Boden, weshalb sie auch an Kalksteinmauern zu finden ist. Hier sieht man die große, Gehäuse tragende Schnecke häufig sitzen. Die Hain-Schnirkelschnecke ernährt sich vor allem von frischen Pflanzenteilen und versteckt sich den Winter über im Erdboden.

Weinbergschnecke

Hain-Schnirkelschnecke

Asseln

Assel

Hin und wieder sieht man eine lichtscheue Assel über die Mauer huschen. Die sonnigen Bereiche der Mauer meidet sie, da sie auf hohe Feuchtigkeit angewiesen ist.

Oben auf der Krone...

Auch oben auf der Mauer, der sogenannten Mauerkrone, sieht man Gräser und Kräuter wachsen. Hier ist es sehr heiß und trocken, da die Mauerkronen häufig den ganzen Tag über der Sonne ausgesetzt sind.

Mauerpfeffer

Der niedrigwüchsige, immergrüne Mauerpfeffer hat dicke Blätter, die in der Lage sind, ähnlich wie Kakteen Wasser zu speichern. Daher kann er sich den sehr trockenen und warmen Bedingungen auf der Mauerkrone anpassen.

Mauerpfeffer

Erkunden
Blättchen (falls erreichbar) zwischen den Fingern zerreiben, um zu schauen, wieviel Wasser gespeichert ist!

Mauern und Häuser

Tripmadam
Die ebenfalls immergrüne Tripmadam (= Dickmadam) kann bis zu 30 cm hoch werden und blüht gelb. Sie wird auch „Felsen-Fetthenne" genannt. Beide Namen (dick / fett) weisen auf die dickfleischigen Blätter hin, die wie beim verwandten Mauerpfeffer in der Lage sind, Wasser zu speichern.

Tripmadam

Erkunden
Blättchen (falls erreichbar) zwischen den Fingern zerreiben, um zu schauen, wieviel Wasser gespeichert ist!

Flaches Rispengras
Das Flache Rispengras wird auch „Platthalm-Rispengras" genannt und ist leicht an den flachen, zusammengedrückten Halmen zu erkennen. Typisch für das graugrüne Gras ist, dass die Halme am Grund meist knickig aufsteigen.

Rispengras

Erkunden
Einen platt gedrückten Halm ertasten und den Halmknick suchen!

Wanze
Mit ganz viel Glück sieht man vielleicht einmal eine Wanze „auf der Mauer, auf der Lauer" sitzen.
Wanzen gehören zu den Insekten und ernähren sich vorwiegend von Pflanzensäften. Es gibt aber auch Raubwanzen. Typisches Merkmal der Wanzen ist der dreieckige Halsschild. Neben der Bettwanze leben in Mitteleuropa über 1.000 verschiedene Wanzenarten. Den Winter verbringen Wanzen an einem geschützten Ort, zum Beispiel in einer Mauerritze.

Streifenwanze

Mauern und Häuser

...und unten am Fuß

Dort, wo Mauern am Fuß auf Pflastersteine und Gehwege stoßen, kann sich eine vielfältige Pflanzenwelt entwickeln, obwohl hier manchmal nur schmale Fugen und Ritzen mit Erde vorhanden sind. Durch Straßenschmutz und Hundekot sind diese Stellen meist sehr nährstoffreich, weshalb sich hier nährstoffliebende Pflanzen ansiedeln wie Brennnesseln, Taubnesseln und Schöllkraut.

Schöllkraut

Das Schöllkraut nutzt wie der Gelbe Lerchensporn Ameisen zur Verbreitung der Samen. Diese sind mit schmackhaftem „Botenbrot" ausgestattet, mit dem sie die Tiere anlocken.

Das Schöllkraut ist mit dem Klatschmohn verwandt. Es blüht gelb und enthält einen orange-gelben Milchsaft. Dieser ist giftig, kann aber äußerlich zu Heilzwecken angewendet werden. Früher glaubte man, dass die Pflanzen den Menschen zeigen, wogegen sie heilend eingesetzt werden können. Schaut man sich eine Blütenknospe des Schöllkrautes an, entdeckt man eine gewisse Ähnlichkeit mit einer behaarten Warze.

In diesem Fall stimmt diese Annahme sogar. So manch eine Warze verschwindet tatsächlich. Bei der Anwendung sollte man jedoch vorsichtig sein, denn der Saft färbt. Früher wurde der Pflanzensaft sogar zum Färben von Textilien eingesetzt. Als „Alchemisten" wurden früher Menschen bezeichnet, die unter anderem glaubten, künstlich Gold und Silber herstellen zu können. Wegen der goldgelben Farbe des Saftes und der Blüten experimentierten sie auch mit dem Schöllkraut. Auch glaubte man früher, dass sich Hexen, Dämonen, Teufel und sogar Drachen mit dem Schöllkraut abwehren lassen. Vor Unglück und Unheil jeder Art solle das Kraut bewahren.

Erkunden
Gelben Stängelsaft ansehen. Aber Vorsicht, er färbt Kleidung nachhaltig!

Mauerlattich

Nicht ohne Grund heißt der Mauerlattich so. Häufig ist diese Pflanze an und auf Mauern zu finden. Sie blüht gelb und schickt ihre Samen mit kleinen Fallschirmchen in den Wind. Vielleicht landet ja eines davon oben auf einer Mauerkrone?

Mäusegerste

Charakteristisch für die Mäusegerste sind die 2 bis 3 cm langen Grannen an den Samen. Sie weisen Widerhaken auf und setzen sich im Fell vorbeistreifender Tiere oder an der Kleidung von Menschen fest. So werden sie fortgetragen, um an anderer Stelle abzufallen und einen neuen Standort zu besiedeln. Das einjährige „Stadtgras" wächst auf Baumscheiben, im Pflaster, an Mauern und Hydranten. Licht und warm müssen die Standorte sein.
Vermutlich kommt der Name daher, dass im Gegensatz zur Saatgerste die Körner der Mäusegerste so klein sind, dass sie lediglich einen Mäusemagen zu füllen vermögen. Diese Nager lieben tatsächlich die Früchte der Mäusegerste.

Mauerlattich

Taubnessel

An Mauerfüßen findet sich die rötlich blühende Gefleckte Taubnessel, wie auch die weiß blühende Weiße Taub- und die gelb blühende Goldnessel. Typisch für diese Pflanzenarten sind die vierkantigen Stängel und die Blüten mit Ober- und Unterlippe.

Mäusegerste

> **Erkunden**
> Einen vierkantigen Stängel erfühlen!

Weiße Taubnessel

Ameise

Auch in der Stadt können Ameisen beobachtet werden, zum Beispiel auf Mauern. Sie ernähren sich von Pollen, Samen, Früchten, Pflanzensäften und von anderen Tieren. In den Mauerritzen finden Ameisen Platz für ihre Gelege.
Manche Pflanzensamen, wie zum Beispiel die des Schöllkrautes und des Gelben Lerchenspornes weisen süße Anhängsel auf, die besonders gern von Ameisen gefressen werden.

Mauern und Häuser

Gehölze an Mauern

Neben dem Efeu schaffen es mancherorts Samen von weiteren Gehölzen, sich an oder auf Mauern anzusiedeln. So sitzt zum Beispiel eine Amsel auf der Mauer und singt ihr Morgen- oder Abendlied. Währenddessen hinterlässt sie dort ihren Kot, in dem sich vielleicht ein unverdauter Same eines Holunderstrauches befindet. Der Same keimt, die kleine Wurzel findet in einer Fuge Halt und ermöglicht der Pflanze, zu einem kleinen Holunderstrauch zu wachsen.

Neben Holunder siedeln sich an und auf Mauern auch besonders gern Hasel und Eberesche an. Auch Nadelgehölze sind zu finden.

Holunder

Hasel

Eibe

Mauern und Häuser

Stille Post

Die Kinder stellen sich mit dem Rücken zur Mauer dicht nebeneinander auf. Sie stellen Mauersteine dar. Der Spielleiter flüstert dem Kind am äußeren Ende der Reihe einen Satz ins Ohr, der zum Thema Mauer passt. Das Kind gibt diesen an das neben ihm stehende weiter, dieses wiederum an das nächste Kind und so weiter.

Was kommt am Ende dieser Stillen-Post-Kette heraus?

Beispiele:
Ameisen krabbeln über die Mauersteine. / Der Wind bläst Samen in Ritzen und Fugen. / Eidechsen nehmen auf den warmen Steinen ein Sonnenbad. / Auf der Mauer, auf der Lauer sitzt `ne kleine Wanze. / Stadtmauern umgaben früher die Städte zum Schutz vor Feinden. / Steine heizen sich in der Sonne auf. / Der Wind bläst Erde in Ritzen und Fugen. / Im Schatten der Mauer ist es feucht und kühl.

Auch einzelne Wörter sind möglich: Stadtmauer / Mauerkrone / Mauerpfeffer/...

Mauerlauf

Die Mitspieler werden in zwei Gruppen eingeteilt und stellen Ameisen dar. Ein 10 bis 20 m langes Stück einer Mauer wird markiert. Die beiden Gruppen stellen sich jeweils an einer Seite auf. Von beiden Seiten aus gehen die Ameisen die Mauer entlang aufeinander zu. Dabei muss jede Ameise immer mit mindestens einer Hand, evtl. auch einmal mit einem Fuß, die Mauer berühren. So hangeln sich die beiden Gruppen aneinander vorbei. Es entsteht ein Gewusel wie auf einer richtigen Ameisenstraße.

Es geht nicht um Schnelligkeit, sondern um Geschicklichkeit!

Spielvariante:
Es wird gespielt, wie je zwei Ameisen einen Samen oder eine tote Fliege über die Mauer transportieren. Dazu fassen je zwei Mitspieler ein Stöckchen und hangeln sich zu zweit die Mauer entlang. Dabei muss jedes Ameisenpaar wieder mit mindestens einer Hand, evtl. auch einmal mit einem Fuß, die Mauer berühren.

Mauern und Häuser

Auf der Mauer, auf der Lauer...

Beim Singen des Liedes werden Bewegungen durchgeführt: Während der ersten beiden Zeilen wird jeweils in die Hocke gegangen, um das Sitzen der Wanze anzudeuten. Beim Singen der dritten Zeile darf getanzt werden; beim Singen der vierten wird wieder in die Hocke gegangen.

1. Strophe
|: Auf der Mauer, auf der Lauer sitzt 'ne kleine **Wanze** :|
Seht Euch mal die **Wanze** an, wie die **Wanze** tanzen kann.
Auf der Mauer, auf der Lauer sitzt 'ne kleine **Wanze**.

2. Strophe
|: Auf der Mauer, auf der Lauer sitzt 'ne kleine **Wanz**. :|
Seht Euch mal die **Wanz** an, wie die **Wanz tanz** kann.
Auf der Mauer, auf der Lauer sitzt 'ne kleine **Wanz**.

3. Strophe
|: Auf der Mauer, auf der Lauer sitzt 'ne kleine **Wan**. :|
Seht Euch mal die **Wan** an, wie die **Wan tan** kann.
Auf der Mauer, auf der Lauer sitzt 'ne kleine **Wan**.

...

Bei jeder weiteren Strophe wird ein weiterer Buchstabe von „Wanze" oder „tanzen" weggelassen.
Das Spiel kann natürlich auch im Winter gespielt werden, obwohl die Wanze dann auf der Mauer nicht zu finden ist, da sie an einem geschützten Ort überwintert.

 **Pflanzenfavorit** (s. Seite 22)

» 58

Fassaden

Viele Flächen in der Stadt sind durch Häuser und Geschäfte, Straßen und Bürgersteige versiegelt. Das heißt, hier ist kaum Erdboden vorhanden, auf dem Pflanzen wachsen und sich ausbreiten können.
Doch da gibt es noch die Kletterpflanzen! Sie sind in der Lage, mit wenig Erdreich auszukommen und an Mauern sowie Fassaden in die Höhe zu wachsen. Wer aufmerksam durch die Stadt läuft, wird allerorten begrünte Hauswände entdecken können.
Diese bieten zahlreichen Tieren einen Lebensraum.
Auch an unbegrünten Fassaden mit ihren Nischen und Vorsprüngen finden verschiedenste Tierarten Nist- und Schlafmöglichkeiten.

Fassadengrün

In der freien Natur wachsen Kletterpflanzen meist an anderen Pflanzen empor. Wie die Pflanzen Mauern hinaufklettern und erobern, ist ganz unterschiedlich.
Efeu und Wilder Wein vermögen ohne Klettergerüst mit Hilfe von Haftwurzeln und -scheiben die Mauern zu erklimmen. Manche Pflanzen benötigen ein Klettergerüst aus Drähten oder Holzstäben, um die sich die Triebe winden und an denen sie sich festhalten können. Andere klettern mit speziellen Ranken an Kletterhilfen empor. Rosen und Brombeeren finden mit ihren Stacheln Halt.

Efeu

Der immergrüne Efeu ist der einzige Wurzelkletterer in unseren Breiten. Schaut man genau hin, entdeckt man an den Trieben eine Unzahl Wurzeln, mit denen sich die Pflanze an Bäume oder Mauern heftet. Dort, wo eine dieser Haftwurzeln Erde vorfindet, zum Beispiel in einer Mauerspalte, wird sie zur Nährwurzel und kann Nährstoffe für die Pflanze aufnehmen.
Der Efeu ist raschwüchsig. Wenn man ihn gewähren lässt, ist bald ein ganzes Haus überwuchert.
Erst im Herbst beginnt der Efeu zu blühen; die schwarzblauen Beeren reifen im Frühjahr des folgenden Jahres. Für den Menschen sind sie allerdings giftig.

Efeu

Erkunden
Haftwurzeln des Efeus suchen!

Mauern und Häuser

Waldrebe

Wie der Name sagt, ist die Waldrebe vor allem im Wald zu finden und klettert mit Vorliebe an Bäumen empor. Aber auch an Häusern und Mauern ist sie zu entdecken. Dort braucht sie jedoch ein Klettergerüst, um welches sich ihre zu Ranken umgewandelten Blattstiele winden.
Im Winter fällt die Pflanze durch ihre wie kleine Wattebällchen aussehenden Früchte besonders auf. Aus den zähen Stängeln, die wie Seile aussehen, wurden früher Körbe und anderes Flechtwerk hergestellt.

Waldrebe

Erkunden
Ranken suchen und betrachten!

Wild-Rose

Rosen können mit Hilfe ihrer Stacheln an Rankgestellen emporklettern. Um bei Wind nicht abzuwehen, müssen sie jedoch angebunden werden.

Wild-Rose

» 60

Mauern und Häuser

Wilder Wein

Die Triebe des Wilden Weines bilden kleine Näpfchen aus, mit denen sie sich an die Mauer saugen und somit Halt gewinnen. Der Name trügt allerdings, denn die Pflanze ist keine Wildpflanze. Ursprünglich stammt die häufig genutzte Zierpflanze aus Japan. Unsere heimischen Vögel fressen die für den Menschen ungenießbaren Früchte gerne.

Wilder Wein

> **Erkunden**
> Näpfchen suchen und betrachten!

Hopfen

Der Hopfen windet sich mit seinen Trieben um Klettergerüste, feine Widerhaken unterstützen ihn dabei und geben ihm Halt. Mit den weiblichen Blütenzapfen wird bis heute Bier gewürzt.

Hopfen

> **Erkunden**
> Die feinen Widerhaken an den Trieben erfühlen!

Mauern und Häuser

Grüne Wände bringen Leben in unser Wohnumfeld. Mit Kletterpflanzen lassen sich Häuser schön gestalten. Hässliche Wände und eintönige Hinterhöfe können zu grünen Oasen werden. Dem Menschen bieten die grünen Wände die Chance, durch Naturbeobachtung sowohl die Tierwelt als auch den Wechsel der Jahreszeiten aus nächster Nähe zu erleben.

Begrünte Fassaden bieten viele weitere Vorteile. Sie schützen das Mauerwerk des Hauses vor Wind und Regen. Im Sommer heizt sich das Gestein weniger stark auf und kühlt somit die Räume. Im Winter lässt eine Bepflanzung mit immergrünen Arten wie dem Efeu weniger Wärme nach außen dringen. So wird Energie gespart. Auch verringert eine Fassadenbegrünung die Lärmbelästigung durch Schalleinwirkung. Das Stadtklima wird durch das Grün mit Sauerstoff und Feuchtigkeit angereichert.

Fassadengrün als Lebensraum für heimische Tiere

Begrünte Hauswände bieten vielen Tieren einen Lebensraum. Insekten wie Bienen, Hummeln Fliegen und Schwebfliegen profitieren vom reichen Nektarangebot der Blüten. Viele Vögel wie Amseln, Singdrosseln und Finken nutzen die Kletterpflanzen als Schlaf- und Nistplatz. Auch sie finden hier einiges zu fressen, zum Beispiel die Früchte des Efeus, des Wilden Weines und die Hagebutten der Rosen.

Reichlich Platz zum Bauen ihrer Netze finden zahlreiche Spinnenarten in den Kletterpflanzen. Blattläuse saugen die Pflanzensäfte und werden wiederum selber von Ameisen ausgesogen oder von Meisen und anderen Vögeln verspeist. Auch der Ohrwurm ist hier zu finden und reiht sich in die Riege der Läuse fressenden Tiere ein. Er selber wird wiederum von Vögeln gefressen.

Der ein oder andere menschliche Hausbewohner wird das Glück haben, diese vielfältigen Nahrungsbeziehungen in aller Ruhe vom Fenster aus beobachten zu können.

Blattlaus

Mehrere hundert Arten verschiedener Blattläuse gibt es bei uns. Allen gemeinsam ist, dass sie kaum länger als 2 bis 3 mm sind und eine tropfenförmige Gestalt aufweisen. Der Kopf läuft spitz zu, der Hinterleib ist rund. Sie sitzen auf den Blättern und jungen Trieben von Pflanzen, wo sie Pflanzensäfte saugen und zwar täglich so viel, wie sie selber wiegen. Wenn zu viele Läuse auf einer Pflanze sitzen, kann diese daran eingehen. Zum Glück gibt es Vögel und andere Insekten wie zum Beispiel Ohrwürmer, die sich von den Blattläusen ernähren.

Die Ausscheidungen der Blattläuse sind sehr süß und daher bei Ameisen beliebt. Sie melken die Blattläuse regelrecht. Da die Läuse durch die Ameisen vor Feinden geschützt werden, bilden sie eine Lebensgemeinschaft, von der beide Tierarten profitieren.

Mauern und Häuser

Ohrwurm

Ohrwurm

Ohrwürmer gehören nicht zu den Würmern. Sie werden vielerorts auch als „Ohrenkneifer" bezeichnet, weil sie sich mit Vorliebe in den menschlichen Ohrgängen niederlassen und sich dort angeblich mit ihren gefährlichen Zangen festbeißen. Dieses Märchen macht zumindest die Runde!
Für den Menschen ist das kleine Insekt jedoch völlig ungefährlich. Der Ohrwurm heißt so, weil das Tier früher zu Pulver vermahlen und als Medizin gegen Ohrenerkrankungen eingesetzt wurde. Die Zangen am Hinterleib werden lediglich dazu benutzt, sich gegen Feinde zu wehren. Wie bei einem Skorpion wird dabei der Hinterleib aufrecht gestellt. Auch sind die Zangen ihm dabei behilflich, die Flügel nach dem Fliegen wieder zusammenzulegen.
Der Ohrwurm ist sogar ein sehr fürsorgliches Tier. Die meisten Insekten legen ihre Eier ab und kümmern sich nicht weiter darum. Der Ohrwurm bewacht die Gelege und füttert sogar die kleinen Larven. Mit ganz viel Glück können solche Familien im Frühjahr beobachtet werden.

Fassaden als Ersatzlebensraum

Steinfassaden werden von Tieren als Ersatzlebensräume zu Felswänden gewertet, Holzfassaden als Ersatzbäume wahrgenommen.
An Stein- und Mauervorsprüngen und in Nischen legen Vögel Nester an, Simse werden von ihnen als Schlafplätze genutzt.

Spinnen jagen an den Hauswänden nach Insekten. Manch eine Fledermaus findet in Ritzen und Spalten ein Nachtquartier, obwohl heutzutage die Fassaden so dicht verbaut sind, dass Fledermäuse kaum noch Einflugmöglichkeiten finden. Früher haben sie sich häufig auch auf Dachböden niedergelassen.

Turmfalke

In Nischen, hoch oben an Kirchtürmen und Hochhäusern, baut sich der Turmfalke ein Nest. Alte Häuser bieten dafür meist mehr Möglichkeiten als neue Bauten. Man erkennt den Greifvogel an seinen spitzen Flügeln und dem langen Schwanz. Mit seinem lauten „ki-ki-ki" hört man ihn um die Gebäude fliegen. Er ernährt sich von kleinen Bodentieren wie zum Beispiel Mäusen und Maulwürfen, aber auch von Insekten und Jungvögeln.

Taube

In fast jeder Stadt sind Tauben zu finden. Dabei handelt es sich meist um Straßentauben (verwilderte Haustauben) oder Türkentauben. Sie brüten auf Simsen und in Nischen an Gebäudefassaden wie auch in hohen Bäumen und ernähren sich von Samen, Früchten, aber auch von den Abfällen, die der Mensch im Park zurücklässt. Häufig werden sie von Menschen gefüttert, was mancherorts zur Folge hat, dass sich Tauben, die pro Jahr mehrere Jungvögel großziehen können, übermäßig stark vermehren. Die Türkentaube stammt ursprünglich aus dem Vorderen Orient (daher der Name!) und lebt erst seit etwa 100 Jahren in unseren Städten und Parkanlagen in der Nähe der Menschen. Sie ruft „gu-guu-gu" mit Betonung auf der zweiten Silbe.

Haustaube

Türkentaube

Schwalbe

Mehlschwalben bauen ihre Nester aus Lehm an die Außenwände von Gebäuden oder unter Mauervorsprüngen. Sie sind sehr gesellig, nisten meist in Kolonien und gehen gemeinsam auf Insektenfang. Diese Vögel galten früher als Glücksbringer und Frühlingsboten. Heute sieht man sie leider kaum noch.
Während Mehlschwalben einen nur wenig gegabelten Schwanz aufweisen, ist die Rauchschwalbe an den langen Spitzen des stark gegabelten Schwanzes zu erkennen. Im Gegensatz zur Mehlschwalbe nistet sie in den Gebäuden. Auch sie ist selten geworden, da die Vögel zu unseren modernen Häusern kaum noch Zugang finden.

Mehlschwalbe

Rauchschwalbe

Mauersegler

Mit einem lauten „srih-srih-srih" flitzen Mauersegler hoch oben über die Häuser hinweg und fangen Insekten. Einen Großteil ihrer Lebenszeit verbringen sie fliegend in der Luft. Ihre Nester legen sie in Mauerlöchern und Hohlräumen von Dächern an hohen Gebäuden oder Kirchtürmen an.

Hausrotschwanz

Der Hausrotschwanz ist kleiner als ein Sperling und, wie der Name vermuten lässt, an seinem auffallend roten Schwanz zu erkennen. In Nischen und Spalten von Fassaden, unter Dachziegeln und sogar auf Dachböden baut er sein Nest. Insekten und Spinnen sind seine hauptsächliche Nahrungsquelle. Häufig kann man den kleinen Vogel auf Antennen oder auf Hausgiebeln beim Schmettern seines knirschenden Gesanges beobachten.

Dohle

Manch eine Dohle legt ihr Nest in einer Nische oder Höhle an einer Hausfassade an. Weithin sind ihre krächzenden Lautäußerungen zu hören.

Haussperling

Haussperlinge werden auch „Hausspatzen" genannt. In der Stadt sucht sich der Haussperling Nistplätze in Nischen, unter Ziegeln und an den ungewöhnlichsten, meist recht gut versteckten Plätzen. Häufig nisten mehrere Paare am gleichen Gebäude dicht nebeneinander.
Nicht selten finden sich die kecken Vögel auf Balkon- und Gartentischen ein, um Brot- und Kuchenkrümel zu stibitzen.

Mauerspinne

Fast kreisrunde, dunkle Flecken auf Fassaden sind nicht immer Abdrücke von schmutzigen Bällen, die gegen die Wand gespielt wurden. Bei manch einem dieser Flecken handelt es sich um die Nester der Mauerspinne. Junge Mauerspinnen lassen sich mit einem Flugfaden vom Wind an andere Mauern wehen, um diese zu besiedeln.

Mauersegler

Hausrotschwanz

Dohle

Mauern und Häuser

Schlingpflanzenspiel

	Gruppenspiel		ganzjährig		5–11
	--		--		

Die Mitspieler werden in zwei Gruppen eingeteilt. Sie stellen sich an einer Linie hintereinander auf. Der erste Spieler tritt einen Schritt vor. Der zweite läuft um ihn herum und stellt sich vor ihn. Er klatscht den vordersten Mitspieler hoch in der Luft ab, damit der nächste Läufer hinter der Linie sieht, dass er angekommen ist. Dann halten sie sich an den Händen fest.

Der nächste Mitspieler läuft los, sobald er das Klatschen hört. Dabei muss dieser sich unter die festgehaltenen Hände und Arme der beiden anderen winden, klatscht ab und nimmt diesen an dessen anderer Hand. Welche Gruppe kommt zuerst beim letzten Klatscher an?

» 66

Mauern und Häuser

Meisenspeise

Gruppenspiel	ganzjährig	5–11
--	--	

1. Spieldurchgang: Zwei Mitspieler werden zu Ohrwürmern ernannt, alle anderen stellen Läuse dar. Letztere stehen an der einen Seite der Hauswand (Spielfeld) und wollen auf die andere Seite gelangen. Dabei müssen sie jedoch an den Ohrwürmern vorbei, die an den Seiten des Spielfeldes schon auf Beute lauern. Beim Startsignal des Spielleiters laufen die Läuse und die Ohrwürmer los.
Wie viele Läuse können die Ohrwürmer in der ersten Runde fangen? Erbeutete Läuse scheiden aus. Dann müssen die Ohrwürmer wieder auf ihre Ausgangspunkte zurückkehren. Beim Startsignal laufen die Läuse zurück. Wie viele Runden benötigen die Ohrwürmer, um alle Läuse zu fangen?

2. Spieldurchgang: Jetzt werden zwei Mitspieler zu Meisen ernannt, alle anderen stellen Ohrwürmer dar, die gerade ganz viele Läuse gefressen haben. Die Meisen haben ihre fette Beute schon entdeckt. Das Spiel läuft ansonsten genauso ab wie in der ersten Spielrunde.
Den Kindern soll damit die Nahrungskette nähergebracht werden.

Zwei Meisen auf Läusefang wäre eine weitere Variante, denn Meisen fressen unter anderem auch Läuse.

Fledermaus auf Mottenfang (s. Seite 171)

Mauern und Häuser

Dächer

Pflanzen auf Dächern

Manche Dächer von Häusern sind so stark von Kletterpflanzen wie zum Beispiel Efeu oder Wildem Wein überwuchert, dass kaum noch Dachziegel zu sehen sind.

Es gibt aber auch andere Möglichkeiten, ein Dach zu begrünen. Dazu werden auf dem Dach richtige Beete angelegt. Eine wasserdichte Folie wird eingebracht und ein spezielles Substrat aufgetragen. Letzteres besteht vor allem aus Kies und weniger aus Erde, damit das Regenwasser gut ablaufen kann und nicht in die Wohnungen tropft. Die Beete müssen zudem relativ eben gestaltet sein, denn sonst würde das Substrat beim nächsten Regenguss abgeschwemmt werden. Dachbegrünungen findet man daher vorwiegend auf Flachdächern oder auf nur leicht abgeschrägten oder gewölbten Dächern. Häufig sind Garagen oder Fahrradunterstände mit grünen Dächern bestückt.

Manche Menschen überlassen es der Natur und warten ab, welche Pflanzensamen durch Wind oder Vogelkot in ihre Dachbeete eingebracht werden und dort keimen. Meist werden Dachbeete jedoch bepflanzt.

Was sind das für Pflanzen, die auf Dächern wachsen können? Sie müssen mit den besonderen Lebensbedingungen auf dem Dach zurechtkommen. Es steht nur wenig Boden zur Verfügung. Wenn es wochenlang nicht regnet, wird es hier sehr trocken. Die Pflanzen sind Sonne, Wind und Regen extrem ausgesetzt.

Zu den heimischen Pflanzen, die häufig auf begrünten Dächern zu finden sind, zählen unter anderem Mauerpfefferarten wie Scharfer Mauerpfeffer und Tripmadam. In unserer Landschaft wachsen diese Pflanzen auf Sandtrockenrasen und in sonnigen Felsfluren und sind daher den extremen Bedingungen auf dem Dach angepasst, vor allem der Trockenheit.

» 68

Mauerpfeffer

Die leuchtend gelb blühenden Polster des immergrünen Mauerpfeffers sind vor allem von Juni bis Juli zu entdecken. Mauerpfefferarten sind in der Lage, Wasser in ihren dickfleischigen Blättern zu speichern und somit regenarme Zeiten zu überdauern. Sie gehören zur Familie der Dickblattgewächse.

Tripmadam

Die ebenfalls immergrüne Tripmadam blüht zur gleichen Zeit wie der Mauerpfeffer und ebenfalls gelb. Im Gegensatz zum verwandten Scharfen Mauerpfeffer sind die Stiele der Blütenstände jedoch länger. Sie wird auch „Dickmadam" genannt, wegen ihrer wasserspeichernden, dicken Blätter.

Tripmadam

Mauerpfeffer

Dach-Hauswurz

Der Name zeigt an, wo der Dach-Hauswurz zu finden ist. Diese immergrüne Pflanze, die ebenfalls zu den Dickblattgewächsen zählt, wurde früher aufs Dach gepflanzt, weil sie angeblich gegen Blitzschlag schützen soll.

Nektarparadies für Insekten

Oft entwickeln sich auf den Dächern mit der Zeit farbenfrohe Pflanzenbestände, die nicht nur das Auge des Menschen erfreuen, sondern auch Anziehungspunkt für zahlreiche Insekten sind. So können zum Beispiel Bienen mitten in der Stadt Nektar für ihre Honigproduktion gewinnen.

Dach-Hauswurz

Mauern und Häuser

Dachbegrünung

	Gruppenspiel		Sommer, Herbst		3–11
	--		Schulhof		

Auf einem freien Platz werden zwei gleich große Felder von etwa ein bis zwei Quadratmetern mit Kreide aufgemalt. Sie stellen Dächer mit Pflanzbeeten dar, die begrünt werden sollen. Diese Aufgabe übernimmt der Wind, der Samen einbringt. Die Mitspieler werden in zwei Mannschaften aufgeteilt und stellen den Wind dar. Von Wurflinien aus versucht jede Mannschaft möglichst viele Samen (z. B. kleine Steinchen oder Eicheln) auf ihr Dach zu werfen.

Welches Dach wird am üppigsten blühen?

Brachenflächen und Bahnanlagen

Brachflächen

In den Siedlungsbereichen, aber vor allem in den Randbereichen und Industriegebieten unserer Städte, finden sich vielerorts Brachflächen. Das sind vorübergehend stillgelegte Bereiche, die für einen gewissen Zeitraum keiner Nutzung oder Bewirtschaftung unterliegen. Sie werden auch als Un- oder Ödland bezeichnet. Meist werden sie nach einiger Zeit wieder mit Wohnhäusern, Straßenanlagen oder Industriebetrieben bebaut.

Im Randbereich der Städte liegende Brachflächen wurden zuvor meist als Acker, Grün- oder Gartenland genutzt. In den Kernbereichen der Städte liegende Brachflächen sind meist Abbruchgelände, also Flächen, auf denen vorher Gebäude gestanden haben.

Brachflächen sind junge Lebensräume. Aufgrund der (vorübergehend) fehlenden Nutzung ist eine von menschlichem Einfluss weitgehend ungestörte Entwicklung der Pflanzen- und Tierwelt zu beobachten. Keine Brachfläche ist jedoch wie die andere. Die vorherige Nutzung spielt bei der Entwicklung dieser Flächen eine entscheidende Rolle.

Ackerbrache

Wurde die Fläche vorher als Acker genutzt, keimen nach einer Stilllegung erst einmal die noch im Boden vorhandenen einjährigen Ackerwildkräuter. Danach stellen sich nach und nach mehrjährige Kräuter, langlebige Stauden und Gräser ein, schließlich auch Gehölze.

Grünlandbrache

Wurde die Fläche vorher als Grünland genutzt, geht die Entwicklung zu einem vielfältigen Pflanzenwuchs anders vonstatten. Aufgrund der dichten Grasnarbe fällt die Besiedlung mit einjährigen Arten aus. Typisch ist hier die Ansiedlung vieler Disteln. Gehölzarten haben es schwer, hier Fuß zu fassen. Bis diese sich in der dichten Grasnarbe ansiedeln, dauert es meist sehr lange.

Gartenbrache

Wurde die Fläche vorher als Gartenland genutzt, sind noch viele Zier- und Nutzpflanzen zu sehen. Auf den offenen Flächen keimen zunächst Gartenwildkräuter und -gräser. Nach und nach setzen sich mehrjährige Wildpflanzen durch. Spätestens durch aufkommende Wildgehölze werden die noch vorhandenen Zier- und Gartenpflanzen verdrängt.

Brachflächen und Bahnanlagen

Ruderalfläche
Brachflächen, auf denen vorher Gebäude gestanden haben, sind meist durch Schutt und anderes steiniges Material geprägt. Solche Brachflächen werden als „Ruderalflächen" bezeichnet (lat.: *rudus* = zerbröckeltes Gestein, Geröll, Schutt). Hier können nur solche Pflanzen und Tiere leben, die an die hier herrschenden extremen Standortbedingungen angepasst sind.

> **Erkunden**
> Ist die vorherige Nutzung der Brachfläche noch zu erkennen?
> Ist noch unbewachsener (Acker-) Boden zu sehen? Ist die Brachfläche mit einer festen Grasnarbe bewachsen? Sind viele Disteln zu entdecken? Finden sich Gartenpflanzen? Sind Schutt- oder andere Gesteinsreste auf dem Gelände vorhanden?

Je nach Standortverhältnissen entwickelt sich auf fast allen Brachflächen ein vielfältiger, häufig farbenprächtiger Pflanzenbewuchs, der auch Lebensraum für eine artenreiche Tierwelt bietet.

Ruderalfläche

Einjährige Pflanzen

Einjährige Pflanzenarten blühen und fruchten in kürzester Zeit, manche sogar mehrmals im Jahr hintereinander und bilden eine Vielzahl von Samen aus.

Acker-Hellerkraut
Mancherorts wird das Acker-Hellerkraut nur wenige Zentimeter groß, andernorts erreicht es mit Höhen von über 50 cm stattliche Ausmaße.
Der Name kommt daher, dass die Frucht des Acker-Hellerkrautes wie eine Münze aussieht. Ein Heller ist eine Kupfermünze, die früher einen halben Pfennig wert war. Die Pflanze wird auch „Acker-Pfennigkraut" genannt. Wie müssten wir also heute sagen, „Acker-Centkraut"?
Wenn die Frucht reif ist, leuchtet sie sogar golden. Einzelne Pflanzen können bis zu 900 Samen produzieren. Zur Verbreitung bedient sich das Acker-Hellerkraut der Energie des Windes. Die breit geflügelten Früchte bieten diesem eine breite Angriffsfläche. Mit der Kraft des Windes werden die reifen Samen aus den Fruchtkapseln herausgeschleudert.

Acker-Hellerkraut

> **Experimentieren**
> Frontal gegen eine reife Samenkapsel vom Acker-Hellerkraut pusten!

Brachflächen und Bahnanlagen

Kamille

Zur Blütezeit von Mai bis Juli wird jedes Blütenkörbchen der Echten Kamille von einem Kranz aus etwa 15 weißen Zungenblüten umrahmt. Der Korbboden, auf dem die gelben Röhrenblüten sitzen, ist hohl und wölbt sich bei der Echten Kamille zur Erntezeit hin kegelförmig auf; gleichzeitig richten sich die Zungenblüten nach unten. Die Echte Kamille ist eine bedeutende Heilpflanze und hilft zum Beispiel gegen Bauchschmerzen.

Echte Kamille

Die Geruchlose Kamille sieht der Echten Kamille zum Verwechseln ähnlich, weist aber nicht den typischen Kamillegeruch auf und hat keinen hohlen Korbboden.

Kamillepflanzen, die auch duften, aber keine weißen Zungenblüten ausbilden, sind nicht etwa einem Verliebten zum Opfer gefallen („Sie liebt mich, sie liebt mich nicht…"). Hier handelt es sich um die Strahlenlose Kamille

Geruchlose Kamille   **Strahlenlose Kamille**

> ### Erkunden
> Blütenboden mit einem langen Fingernagel aufpulen und nachschauen, ob der Korbboden der vorliegenden Kamille hohl ist oder nicht!

Brachflächen und Bahnanlagen

Hirtentäschel
Nicht nur im Pflaster, auch auf Brachflächen ist das Hirtentäschel häufig zu finden. Die bodennahe Blattrosette ähnelt mit ihren gezähnten Blättern der des Löwenzahns, manchmal sind die Blätter aber auch ganzrandig. Typisch für die Stängelblätter ist der pfeilförmige Grund, mit dem sie den Stängel umfassen. Die Pflanze blüht weiß und bildet herzförmige Schötchen aus.

Hirtentäschel

Knopfkraut
Die Blütenköpfchen des Knopfkrautes ähneln im Prinzip denen des Gänseblümchens, sie weisen weniger weiße Zungenblüten am Rande auf. Von Mai bis in den Oktober hinein ist das Knopfkraut blühend anzutreffen. Bis zu 300.000 Samen kann eine einzelne Pflanze pro Jahr erzeugen.

Knopfkraut

Brachflächen und Bahnanlagen

Kanadisches Berufkraut

Berufkraut
Wie der Löwenzahn ist das Kanadische Berufkraut eine Pusteblume, da die einzelnen Samen kleine, hellbräunliche Fallschirme ausbilden, mit denen sie weit fliegen können und vielleicht eine andere Brachfläche finden, wo sie sich ansiedeln können. Das Einjährige Berufkraut wird auch „Feinstrahl" genannt und kommt ebenfalls häufig auf Brachflächen vor.

Gänsedistel
Die gelb blühenden Gänsedisteln weisen derbe, stachelig gezähnte Blätter auf, die am Blattgrund stängelumfassend sind.

Gänsedistel

Einjähriges Berufkraut

Brachflächen und Bahnanlagen

Mehrjährige Pflanzen

Im zweiten Jahr siedeln sich auf nicht mehr genutzten Flächen auch mehrjährige Pflanzen an. Diese wachsen meist viel üppiger, höher und breiter und nehmen den kleinwüchsigeren einjährigen Pflanzen auf Dauer das Licht. Nach und nach werden die einjährigen Arten verdrängt.

Brennnessel

Auf vielen Brachflächen ist die Große Brennnessel in zumeist umfangreichen Beständen anzutreffen. Vor ungebetenen Fressfeinden schützt sie sich durch ihre Brennhaare; das hat jeder schon auf der eigenen Haut verspürt. An Blättern und Stängeln sitzen Brennhaare, die mehrere Millimeter lang sein können. Bei Berührung bricht die Haarspitze ab, der Stumpf bohrt sich in die Haut des Angreifers und spritzt den Brennsaft heraus. Die Folge davon sind die bekannten roten, juckenden Pusteln. Da das „Verbrennen" der Haut mit Brennnesseln Wärme erzeugt, hat man früher Menschen mit Gicht und Rheuma mit Brennnesselpflanzen behandelt.

Brennnessel

Raupen von über 20 Schmetterlingsarten lassen sich von den Brennhaaren nicht abschrecken und machen sich über die reichhaltige Futterquelle her. Der Mensch nutzt sie als Heilpflanze und hat früher aus den Pflanzenfasern Nesselstoff hergestellt.

Brennhaare

Erkunden
Brennhaare der Brennnessel mit einer Lupe anschauen!

Experimentieren
Wer ist mutig und lässt sich einmal „verbrennen"? Tipp: Der Saft eines Spitzwegerichblattes mindert danach den Juckreiz!

Brachflächen und Bahnanlagen

Kratzdistel

Kratzdistelarten sind bei uns häufig auf den Brachflächen zu finden – die Acker-Kratzdistel und die Gewöhnliche Kratzdistel. Der Name spricht für sich: Wer mit diesen Pflanzen in Berührung kommt, kann sich an den dornig gezähnten Blättern und Stielen so manch eine Kratzwunde einfangen.

Kratzdisteln

Acker-Kratzdistel

Gewöhnliche Kratzdistel

Brachflächen und Bahnanlagen

Die Blütenköpfchen der Acker-Kratzdistel sind mit 2 cm im Durchmesser nur halb so groß wie die der Gewöhnlichen Kratzdistel. Schaut man sich die Hüllblätter an den Blütenköpfchen einmal näher an, entdeckt man, dass diese bei der Acker-Kratzdistel in violette, dornige Spitzen auslaufen. Bei der Gewöhnlichen Kratzdistel sind sie hell.
Die Kratzdistelblüten duften nach Honig und sind eine wichtige Nahrungsquelle für viele Insekten, besonders für Schmetterlinge. Auch Kratzdisteln lassen ihre Samen mit dem Wind auf und davon treiben.

Acker-Kratzdistel

Acker-Kratzdistel

Gewöhnliche Kratzdistel

Gewöhnliche Kratzdistel

Erkunden
Unterschiedliche Größen der Blütenköpfchen sowie unterschiedliche Färbung der Hüllblattspitzen der beiden Distelarten unter die Lupe nehmen!

Experimentieren
An einem windstillen Tag stellen sich einige Kinder mit etwas Abstand nebeneinander auf. Jedes Kind bekommt die Samen eines Distelkopfes auf die geöffnete Hand gelegt. Auf Kommando pusten die Kinder die Samen oder Samenballen möglichst weit fort. Die anderen Kinder schauen, welche Samen am weitesten fliegen.
Was geschieht, wenn man dieses Experiment an einem sehr windigen Tag wiederholt?

Brachflächen und Bahnanlagen

Goldrute

Die Blüten der bis zu 1,5 m hoch werdenden Goldrute verströmen einen betörenden Duft und locken eine Vielzahl von Bienen an. Dabei kann eine Menge Honig produziert werden. Auch andere Insekten sind zu beobachten.

Goldrute

> **Erkunden**
> Duft der Goldrutenblüten erschnuppern!

Brachflächen und Bahnanlagen

Rainfarn

Ohne Blüten könnte der Rainfarn tatsächlich für einen Farn gehalten werden. Um sich bei starker Sonneneinstrahlung vor Verdunstung zu schützen, richtet die Pflanze ihre Blätter senkrecht zur Sonne aus. Die Blattspitzen weisen also mittags nach Süden und Norden, die Blattspreiten nach Osten und Westen. Dadurch fällt die brennende Sonne nicht auf die Blattflächen, sondern nur auf die schmalen Kanten.

Die einzelnen Blütenkörbchen sehen aus wie die von Gänseblümchen oder Margeriten, nachdem sie als Orakelpflanze genutzt wurden („Er liebt mich, er liebt mich nicht..."). Weiße Zungenblüten hat der Rainfarn nicht, seine Blütenköpfchen bestehen nur aus gelben Röhrenblüten.

Neben dem Vorkommen auf Brachflächen ist der bis 1,20 m hohe Rainfarn natürlich auch an Wegrainen zu finden, wie der Name sagt!

Rainfarn

Erkunden
An einem heißen, sonnigen Mittag die Blattstellung mit der Stellung der Sonne vergleichen!

Brachflächen und Bahnanlagen

Beifuß

Ein Zweiglein des Beifußes im Schuh soll die Füße müder Wanderer wieder munter machen, daher der Name! Aus diesem Grund soll Beifuß früher für die römischen Soldaten entlang der Heerstraßen sogar extra angepflanzt worden sein.

Die Blätter sind auf der Oberseite dunkelgrün und kahl, auf der Unterseite weiß und filzig. Zur Blütezeit von Juli bis September erscheinen die gelblich bis rötlichbraunen kleinen Blütenköpfchen und produzieren Hunderttausende von langlebigen Samen. Die ganze Pflanze riecht aromatisch und wurde früher zum Würzen von Gänsebraten verwendet.

Jäger sollen sich mit dem aromatischen Kraut eingerieben haben, um auf der Jagd den menschlichen Geruch zu überdecken.

Erkunden
Blattober- und -unterseite miteinander vergleichen!

Experimentieren
Wer müde Füße hat, legt sich Beifußblätter in die Schuhe und berichtet, ob die Wirkung bei ihm einsetzt!

Beifuß

Echtes Johanniskraut

Schaut man sich die Blätter des Echten Johanniskrautes (gegen den Himmel betrachtet) einmal genau an, entdeckt man viele kleine helle Punkte. Es sieht aus, als hätte jemand mit einer Nadel viele kleine Löcher hineingestochen. Das sind Öldrüsen, die im Licht durchsichtig erscheinen. Besonders an heißen Tagen strömen diese Öldrüsen Duftstoffe aus (ätherische Öle), welche die Pflanze umnebeln. Das führt dazu, dass die Sonnenstrahlen mit ihrer Hitze nicht mehr direkt an die Pflanze gelangen können. Damit schützt sich diese vor Verdunstung und Austrocknung.

Brachflächen und Bahnanlagen

Es gibt andere, ähnlich aussehende Johanniskräuter. Das Echte Johanniskraut erkennt man daran, dass sich die Fingerkuppen rot färben, wenn man eine Blüte oder Blütenknospe zerreibt. Aber Vorsicht! Der rote Farbstoff färbt nachhaltig. Die Hände werden nach ein paar Mal waschen wieder entfärbt, Kleidung nicht unbedingt. Früher hat man diese Pflanze tatsächlich zum Färben von Textilien eingesetzt. Ein weiteres Unterscheidungsmerkmal ist der zweikantige Stängel.

Um das Johanniskraut ranken sich viele Legenden. Eine davon kennt eine Antwort auf die Frage nach der Entstehung der zahlreichen „Löcher" in den Blättern: Über die große Heilkraft des Krautes soll sich der Teufel so aufgeregt haben, dass er in blinder Wut wild auf die Pflanze eingestochen hat.

Echtes Johanniskraut

Erkunden
Öldrüsen der Blätter suchen und betrachten. Eine Blüte zerreiben! Aber Vorsicht vor der nachhaltigen Färbung von Kleidungsstücken! Den zweikantigen Stängel untersuchen!

Schmalblättriges Weidenröschen

Das Schmalblättrige Weidenröschen mit seinen kerzenförmigen Blütenständen wird auch „Trümmerpflanze" genannt, weil sie häufig auf Schuttflächen zu finden ist.

Schmalblättriges Weidenröschen

Brachflächen und Bahnanlagen

Natternkopf

Der Natternkopf weist borstige Blätter sowie Blüten, die in Wickeln stehen, und gespaltene Griffel auf, die an den Kopf einer züngelnden Schlange erinnern.

Zu Anfang sind die Blüten rosafarben und nehmen, während die Wickel sich mit zunehmender Blütezeit entrollen, eine bläuliche Färbung an. Die Griffel und die auffälligen, violetten Staubbeutel ragen weit aus den einzelnen Blüten heraus und bieten somit anfliegenden Insekten einen idealen Landeplatz. Reich an Nektar sind jedoch nur die rosafarbenen Blüten. Die Bienen scheinen das zu wissen, denn sie fliegen diese gezielt an.

Natternkopf

Erkunden
Borstige Blätter, Blütenwickel mit unterschiedlichen Blütenfarben und die „gespaltenen Schlangenzungen" erkunden! Fliegen die Bienen tatsächlich nur die rosafarbenen Blüten an?

Brachflächen und Bahnanlagen

Nachtkerze
Die Nachtkerze ist zweijährig. Im ersten Jahr entwickelt sie eine Blattrosette, im zweiten Jahr erhebt sich der bis zu 1,6 m hohe Blütenstand mit den zahlreichen gelben, duftenden Blüten, die sich erst in der Dämmerung öffnen.

Nachtkerze

> **Experimentieren**
> Blütenknospe mit den Händen abdunkeln und einige Minuten warten, ob sich die Blüte öffnet. Manchmal klappt's!

Huflattich
Der Huflattich treibt zeitig im Frühjahr seine schuppigen Blütenstängel mit gelben Blütenköpfen aus dem Boden. Abends bzw. bei schlechtem Wetter schließen sie sich. Die später erscheinenden hufförmigen Blätter sind ganz weich und auf der Unterseite weißfilzig. Sie werden auch des „Wanderers Klopapier" genannt. Wie der verwandte Löwenzahn schickt auch der Huflattich seine Samen in den Wind.

Huflattich

Brachflächen und Bahnanlagen

Huflattich

> **Erkunden**
> Weichheit der Blätter erfühlen!

> **Experimentieren**
> Lassen sich die Fruchtstände des Huflattichs als Pusteblume nutzen?

Steinklee
Auf Brachflächen sind gelb und weiß blühende Steinkleearten zu finden. Reibt man ihre Blätter zwischen den Fingern, entströmt ihm ein Duft nach Waldmeister. Die Blüten riechen süß nach Honig.

» 86

Brachflächen und Bahnanlagen

Gelber Steinklee

Weißer Steinklee

> **Experimentieren**
> Blätter des Steinklees zerreiben und daran schnuppern!

Wilde Möhre

Im Sommer lässt sich die Wilde Möhre von den zahlreichen anderen Doldenblütlern durch die besondere Form des Fruchtstandes unterscheiden. Wie ein Vogelnest sieht dieser dann aus. In der Mitte der Dolde sitzt eine dunkle Blüte. Daran lässt sich dieser Doldenblütler gut von anderen, ähnlich aussehenden unterscheiden.

Wilde Möhre

Brachflächen und Bahnanlagen

Kompass-Lattich

Die Blätter des Kompass-Lattichs sitzen mit pfeilförmigem Grund am Stängel und spitze Stacheln stehen auf der Mittelrippe der Unterseite. Wie der Rainfarn stellt der Kompass-Lattich bei starker Sonneneinstrahlung seine Blätter senkrecht zur Sonne.

Die Blattspitzen weisen also mittags nach Süden und Norden und können als Kompass benutzt werden.

> **Erkunden**
> Blattstellung des Kompass-Lattichs an einem sonnigen Tag erkunden!

Reitgras

Viele Gräser sind auf Brachflächen zu finden. Das Reitgras wird bis zu 1,50 m hoch und nimmt häufig große Flächen ein.

Kompass-Lattich

Reitgras

Brachflächen und Bahnanlagen

Pioniergehölze

Mit den Jahren siedeln sich zunehmend auch Gehölze an. Das sind zuerst Pioniergehölze wie Birke, Sal-Weide, Holunder und Brombeere. Auch die Zitterpappel kommt relativ häufig vor. Auf manchen Brachflächen erscheinen Wild-Rosen, Schlehen, Himbeeren oder sogar Besenginster.
Bevor sich ein richtiger Wald entwickeln kann, mit Bäumen wie Eichen, Buchen oder Hainbuchen, wird die Fläche meist wieder einer anderen Nutzung zugeführt, zum Beispiel bebaut.

Birke
Die Birke ist meist eine der ersten Gehölzarten, die sich auf Brachflächen einfinden. Ihre weiblichen Kätzchen produzieren viele geflügelte Samen, die vom Wind in alle Richtungen geweht werden. Es gibt kaum eine Brachfläche in der Umgebung, auf der nicht einige dieser Samen landen und keimen.

Birke

> **Experimentieren**
> Im Herbst die hauchzart geflügelten Samen betrachten und fortpusten!

Weide
Dort, wo der Boden frisch oder feucht ist, siedeln sich nach und nach mit Vorliebe Weiden an, zum Beispiel die Sal-Weide. Die meisten Weiden haben sehr biegsame Zweige.

Sal-Weide

Brachflächen und Bahnanlagen

Zitterpappel
Die Zitterpappel macht ihrem Namen alle Ehre. Aufgrund des abgeflachten Blattstieles zittern die Blätter schon beim geringsten Luftzug.

> **Erkunden**
> Die abgeflachten Blattstiele ertasten und durch Pusten das Zittern beobachten!

Zitterpappel

Holunder
Das typische Heckengehölz mit der duftenden Blütenpracht im Mai / Juni und den dunklen Beeren im Herbst ist sehr häufig auch auf Brachflächen zu finden.

Holunder

Brombeere
Brombeerbüsche bilden undurchdringliche, stachelige Dickichte aus. Dort, wo überhängende Zweige den Boden berühren, bilden sich neue Wurzeln. Die Früchte stehen nicht nur bei uns Menschen, sondern auch bei vielen Tieren auf dem Speiseplan. Die Blätter verbleiben häufig den Winter über an den Zweigen und fallen erst im Frühjahr ab, wenn sich wieder neue Blätter bilden.

> **Erkunden**
> Überhängende Zweige mit neuen Wurzeln suchen!

Brombeere

Brachflächen und Bahnanlagen

Vielfältige Tierwelt

Im Frühling und Sommer wird die Brachfläche aufgrund ihrer Blütenfülle von einer Vielzahl von Insektenarten angeflogen: von Bienen, Hummeln, Schmetterlingen, Käfern, Fliegen und Schwebfliegen. Heuschrecken, Spinnen und Blattläuse sind ebenfalls zu entdecken. Sie sitzen auf den Blüten und saugen Nektar, fressen Blätter oder nutzen die Pflanzen, um ihre Eier an ihnen abzulegen. Schmetterlinge lassen sich dabei beobachten, wie sie ihre langen Saugrüssel ein- und wieder ausrollen.

Zauneidechsen sitzen auf einem Stein und nehmen ein Sonnenbad. Auf Brachflächen verstecken sich Kröten und Frösche. Auch zahlreiche Säugetiere sind hier zu Hause. Man bekommt sie jedoch nicht unbedingt zu Gesicht. Mäuse und Wildkaninchen leben hier, Füchse lauern ihnen nachts auf. Manch ein Erdloch weist auf ihre Anwesenheit hin.

Großer und Kleiner Kohlweißling

Kohlweißlinge sind weiße bis cremefarbene Tagfalter, deren Raupen sich mit Vorliebe von Kohlblättern ernähren. Auch andere Kreuzblütler stehen auf ihrem Speiseplan, sodass diese Falter nicht nur im Garten anzutreffen sind.

Tagpfauenauge
Auf den Flügeln des Tagpfauenauges befinden sich große Farbzeichnungen, die wie Augen aussehen. Sie sollen Fraßfeinde, wie zum Beispiel Vögel, abschrecken.

Tagpfauenauge

Kleiner Fuchs
Die Raupen des Kleinen Fuchses sind häufig auf Brennnesseln zu finden. Sie ernähren sich von den frischen Blättern.

Raupe vom kleinen Fuchs

Admiral
Der Admiral ist an seiner roten Bänderung auf den Flügeln recht einfach zu erkennen. Die Raupen leben ebenfalls mit Vorliebe auf Brennnesseln.

Raupe vom Admiral

Brachflächen und Bahnanlagen

Bläuling
Bläulinge sind kleine, meist auffällig blaue Tagfalter. Von ihnen gibt es viele verschiedene Arten, die zum Teil schwer voneinander zu unterscheiden sind.

> **Erkunden**
> Sind einige dieser Schmetterlingsarten auf der Brachfläche zu finden? Sind Raupen auf den Brennnesseln zu finden? Die langen Saugrüssel der Schmetterlinge beim Ein- und Ausrollen beobachten!

Bläuling

Heuschrecke
Zahlreiche Heuschreckenarten (auch „Grillen" genannt) können sich auf Brachflächen einfinden. Das Grüne Heupferd fällt durch seine Größe und Farbe besonders auf. Daneben gibt es viele kleine Heuschreckenarten, die schwer voneinander zu unterscheiden sind. Meist sind die Heuschrecken eher zu hören als zu sehen. Den zirpenden Gesang produzieren sie mit dem Aneinanderreiben von Flügeln oder Schenkeln, ähnlich wie bei einer Geige.
Heuschrecken haben lange Hinterbeine, mit denen sie weit springen können. Sie ernähren sich von Gräsern oder Kräutern.

Grünes Heupferd

Heuschrecke

> **Erkunden**
> Sind Grillen auf der Brachfläche zu hören? Wie viele mögen es wohl sein? Jeder darf einmal raten! (Lösen wird man diese Frage jedoch eher nicht.)

Hummel
Hummeln sind kleine, pelzige Insekten, die mit unseren Bienen verwandt sind. Sie weisen meist einen relativ langen Saugrüssel auf. Mit Vorliebe suchen sie Blüten auf, in die sie komplett hineinkriechen können. Pollen sammeln sie mit ihren Hinterbeinen.

Hummel

Brachflächen und Bahnanlagen

Biene
Jeder kennt die Honigbiene, die von Blüte zu Blüte fliegt, um Nektar zu sammeln. Dieser wird im Bienenmagen zu süßem Honig umgewandelt und im Bienenstock in Waben eingelagert. Der Honig dient den Bienen im Stock und der Bienenbrut als Nahrung sowie als Vorrat für den Winter. Auch der Mensch hat es auf die süße Köstlichkeit abgesehen. In Bienenstöcken „erntet" er den Honig und ersetzt diesen durch Zuckerwasser.

Wildbiene und Schwebfliege
Neben der Honigbiene sind auch zahlreiche Wildbienen auf Brachflächen zu finden. Viele Wildbienenarten leben als Einsiedler und nicht wie die Honigbiene in großen Gemeinschaften. Sie legen ihre Eier in Baumrinden, Mauerritzen oder in Pflanzenstängeln ab und packen Pollen oder Nektar als Nahrungsvorrat für die schlüpfenden Larven dazu.
Schwebfliegen ähneln im Aussehen Bienen und Wespen. Daher haben andere Tiere und auch wir Menschen Angst vor ihnen. Sie besitzen aber keinen giftigen Stachel und sind völlig harmlos. Die Tiere legen ihre Eier an Pflanzen ab, von denen sich die schlüpfenden Larven ernähren können.

Wespe
Wespen haben einen gelb-schwarz gezeichneten Körper und sind nicht so pelzig wie Bienen. Sie ernähren sich von Nektar, erbeuten aber auch Beutetiere und töten diese mit dem Gift aus ihrem Stachel am Hinterleib. Mit dem Stachel wehren sie sich gegen Feinde, weshalb der Mensch nicht nach ihnen schlagen sollte.

Schwebfliege

Wespe

Wildbienen

Brachflächen und Bahnanlagen

Distelfink

Vor allem im Herbst und Winter kann auf Brachflächen der auffällig bunte Distelfink (auch Stieglitz genannt) entdeckt werden. Er holt sich die Samen aus den Stauden, vor allem von Disteln und Gehölzen. Geschickt klettert er selbst auf dünnen Halmen herum und kann sogar mit dem Kopf nach unten hängend picken. Er ist so geschickt, dass er mehrere dünne Stängel umklammert, um Halt zu gewinnen und an die Samen zu gelangen.

„Als der liebe Gott die Vögel bunt machte, war der Distelfink der letzte in der Schlange und bekam aus den Farbtöpfen die Reste für sein Federkleid. Daher ist er so schön bunt". So heißt es in einer Überlieferung.

Distelfink

Goldammer

Die Goldammer ist etwa so groß wie ein Sperling. Der Kopf und die Unterseite sind leuchtend gelb. Sie sitzt häufig an erhöhter Stelle und lässt ihren Gesang ertönen. Der klingt, als würde der Vogel „Wie, wie hab ich dich lieb!" singen.

Goldammer

Brachflächen und Bahnanlagen

Blütenfavorit

Jedes Kind sucht sich in einer Brachfläche eine blühende Pflanze aus, ohne den Mitspielern zu verraten, um welche es sich handelt. Die Blüte kann von einem Kraut, einem Gras oder einem Gehölz stammen, auffällig oder aber auch ganz unscheinbar sein. Größe, Form, Farbe und Duft der Blüte sollen erkundet werden. Gepflückt wird sie nicht!

Sind alle Kinder wieder beisammen, stellen sie sich in einem Kreis auf und jeder stellt reihum seinen Blütenfavoriten in zwei bis drei Sätzen vor. Pflanzennamen dürfen nicht genannt werden. Diejenigen Kinder, die meinen, die gleiche Blüte erwählt zu haben, schließen sich zusammen und machen sich nach der Vorstellrunde gemeinsam auf, um eine Übereinstimmung zu prüfen.
Wie viele verschiedene Blüten wurden gewählt?

Duftquiz

Der Spielleiter geht mit den Kindern zu drei bis fünf verschiedenen Pflanzen mit duftenden Blüten oder Blättern. Das können zum Beispiel Nachtkerze, Holunder, Steinklee (Blüten und Blätter etwas reiben), Beifuß (Blüten und Blätter etwas reiben) oder Wilde Möhre (Blüten und Blätter etwas reiben) sein. Dann schließen sich die Kinder paarweise zusammen. Einem werden die Augen verbunden, sein Partner führt es zu einer der vorgestellten Pflanzen und lässt es schnuppern. Kann das Kind die Pflanze anhand des Duftes richtig bestimmen? Danach wird gewechselt.

Hummelfavorit

Paarweise suchen sich die Kinder eine Hummel, die Blüten anfliegt. Sie versuchen, diese eine Weile zu beobachten und zu verfolgen. Welche Blüten mit welcher Farbe besucht sie am häufigsten? Sind es immer die gleichen Pflanzen? Duften die Blüten, die von der Hummel angeflogen werden? (Erst testen, nachdem die Hummel wieder weggeflogen ist.)

Jedes Paar berichtet der Gruppe über seine Beobachtungen.

Brachflächen und Bahnanlagen

Bienchen, Bienchen, such den Nektar!

	Gruppenspiel		Frühling, Sommer, Herbst		3–5
	--		--		

Die Mitspieler stellen sich in einem Kreis auf. Sie stellen blühende Blumen dar. Eines der Kinder wird ausgewählt und stellt sich als Bienchen in die Mitte des Kreises.

Das Bienchen ruft: „Welchen Nektar darf ich heute suchen?"

Der Spielleiter antwortet zum Beispiel: „Den Nektar aus den gelben Blüten."

Nun schaut das Bienchen in die Runde und besucht all die Kinder, die die Farbe Gelb in ihrer Kleidung tragen. Es tippt sie an und diese gehen in die Hocke. Wie viele Blümchen konnten bestäubt werden?

Dann kommt ein anderes Kind in die Mitte und darf andere Blütenfarben besuchen. Rote, lilafarbene, blaue, weiße, orangefarbene, dunkelrote, rosafarbene und auch grüne Blüten gibt es.

Gern dürfen sich die Kinder in einer zweiten Runde auch vorstellen, in einer Märchenwelt zu leben, in der es gestreifte, karierte oder auch gepunktete Blüten gibt.

Brachflächen und Bahnanlagen

Sprungweltmeister

Gruppenspiel	ganzjährig	5–11
--	--	

Auf einer halbwegs offenen Fläche wird eine Linie markiert. An diese stellen sich nacheinander je zwei bis vier Mitspieler der Gruppe und springen aus dem Stand wie eine Heuschrecke so weit wie möglich nach vorn. Diejenigen, die am weitesten gesprungen sind, treten in der nächsten Runde gegeneinander an, die Gewinner dieser Runde wieder gegeneinander. Wer bleibt als bester Springer übrig und ist damit der Heuschreckenweltmeister?

Schmetterlingszählung

Paar- oder Gruppenspiel	Frühling, Sommer, Herbst	8–11
für jede Gruppe ein Klemmbrett mit Arbeitsblatt und Stift	blütenreiche Brachfläche	

Die städtische Naturschutzbehörde beschließt, eine Schmetterlingszählung durchzuführen. Dazu werden viele Helfer benötigt. Die Mitspieler werden in Gruppen von zwei bis drei Kindern eingeteilt. Jede Gruppe bekommt ein Formular mit auf den Weg, damit die Kinder die gesichteten Falterarten ankreuzen können. Gern dürfen die Kinder auch versuchen, die Anzahl der Tiere jeder Art zu zählen. Nach der Zählung berichten die Gruppen von ihren Beobachtungen. Wie viele Falterarten konnten entdeckt werden? Wie viele Schmetterlinge konnten insgesamt gezählt werden?

Die Kinder sollen die Farben der Schmetterlinge erkunden, damit sie später die Abbildungen auf den Arbeitsblättern entsprechend bunt anmalen können. Die Zählung kann auch gemeinsam beim Durchstreifen einer Brachfläche (zum Beispiel einer größeren Industriebrache am Stadtrand) vorgenommen werden.

Schmetterlingszählung
Wie viele Schmetterlinge jeder Art kannst du beobachten?

Admiral = ...

Bläuling = ...

Kleiner Kohlweißling = ...

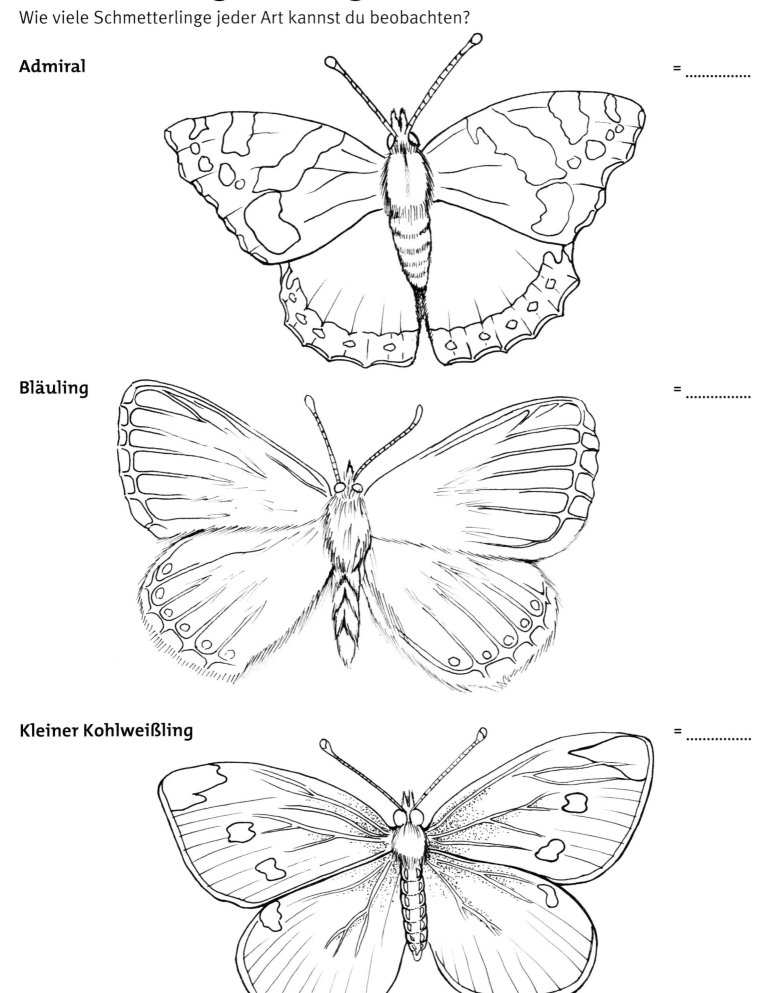

Kleiner Fuchs = ...

Tagpfauenauge = ...

Wie viele Schmetterlinge sind insgesamt beobachtet worden?
Zähle alle Schmetterlinge zusammen!

....

Brachflächen und Bahnanlagen

Bahnanlagen

Pflanzen auf Bahnanlagen

Für Menschen sind Bahngelände meist unbeachtete, häufig auch schwer zugängliche Bereiche. Schotter, Geröll und Pflastersteine prägen Gleisanlagen und ihr Umfeld. Den ganzen Tag der Sonne ausgesetzt, heizen sich diese Materialien extrem auf. Regenwasser fließt zwischen den Steinen schnell ab, so dass hier große Trockenheit herrscht. Nur wenige unserer heimischen Pflanzenarten sind in der Lage, diese vom Menschen geschaffenen künstlichen Steinwüsten zu besiedeln. Pflanzen, die es vermögen auf solchen Schutt- und Steinflächen zu überleben, werden als „Ruderalpflanzen" bezeichnet.

Auf dem Bahnhofsgelände finden sich vor allem Pflanzen ein, die in Lebensräumen mit vergleichbaren Standortbedingungen wachsen, wie zum Beispiel auf Kiesbänken und Geröllhalden. Pflanzen, die eigentlich im Mittelmeerraum im warmen Süden heimisch sind, können hier angetroffen werden. Auch auf den Bahndämmen, auf denen sich die Gleise durch die Städte ziehen, sind manche dieser Ruderalpflanzen im Schotterbett zu finden.

Königskerze

Die Königin der Bahnanlagen ist die Königskerze. Mindestens drei verschiedene Arten sind hier zu finden. Kleinblütige und Großblütige Königskerze weisen weiße Staubblatthaare auf. Sie unterscheiden sich vor allem in der Größe der Blüten: bis zu 2 cm breit sind sie bei der kleinblütigen, bis zu 5 cm bei der großblütigen Art. Die Kleinblütige Königskerze wird bis zu 1,70 m hoch, die großblütige kann bis zu 2,50 m hoch werden.

Königskerze

Brachflächen und Bahnanlagen

Kleinblütige Königskerze

Großblütige Königskerze

Wie kommen derart stattliche Pflanzen mit solch einem trockenen Standort zurecht? Die Großblütige Königskerze hat am Stängel herablaufende Blätter, die das Regenwasser gezielt nach unten zu den Wurzeln leiten. Die Blätter sind dicht filzig behaart, was die Verdunstung einschränkt. Die beiden Arten sind zweijährig. Das heißt, dass sie im ersten Jahr ihrer Entwicklung eine bodenständige Blattrosette ausbilden, aus der erst im zweiten Jahr der stattliche Blütenstand herauswächst. Nach der Fruchtreife geht die Pflanze ein. Die Schwarze Königskerze trägt violette Staubblatthaare

Blattrosette

Blätter

Schwarze Königskerze

Königskerzen sehen nicht nur wie eine Kerze aus, sie dienten früher auch als Kerzenersatz. Im antiken Griechenland wurden die weißwollig behaarten Blätter der Königskerzen als Lampendochte eingesetzt oder es wurde gleich die ganze Pflanze in Pech getunkt und als Fackel genutzt.

Erkunden
Größe der Blüten der Königskerzen abmessen (Durchmesser ca. 5 cm = Große Königskerze; ca. 2 cm = Kleine Königskerze)! Blattrosette einer Königskerze suchen!

Experimentieren
Etwas Wasser auf die Große Königskerze gießen und schauen, wie es an den Blättern und Stängeln herunterläuft!

Brachflächen und Bahnanlagen

Nachtkerze

Die Blüten der Nachtkerzen vermögen selber wie Kerzen zu leuchten. Kurz vor der Dämmerung öffnen sich die gelben Blüten innerhalb weniger Minuten. Von Mitte Juni bis in den August hinein ist das faszinierende Schauspiel Abend für Abend mit immer neuen Blüten zu beobachten. Sie leuchten die ganze Nacht hindurch strahlend gelb und verströmen zudem einen vanilleartigen Duft.

Die Nachtkerze ist ebenfalls zweijährig. Im ersten Jahr entwickelt sie eine Blattrosette, deren Blätter auffällig rosarote Mittelrippen aufweisen. Im zweiten Jahr erhebt sich der bis zu 1,6 m hohe, reichblütige Blütenstand. Die Nachtkerze ist die Futterpflanze der Raupen des Nachtkerzenschwärmers (ein Nachtfalter).

Nachtkerze

> **Experimentieren**
> Blütenduft schnuppern. Blütenknospe mit den Händen abdunkeln und einige Minuten warten, ob sich die Blüte öffnet. Manchmal klappt es!

Brachflächen und Bahnanlagen

Resede
Die Färber-Resede stammt ursprünglich aus dem Mittelmeergebiet und wurde früher zum Färben von Stoffen verwendet. Während ihre ebenfalls kerzenförmigen Blütenstände recht auffällig sein können, sind die einzelnen Blüten eher unscheinbar.

Resede

Echtes Johanniskraut
Wie auf trockenen Brachflächen ist das Echte Johanniskraut auch häufig auf Bahnanlagen zu finden.

Echtes Johanniskraut

Brachflächen und Bahnanlagen

Leinkraut

Aus Lein (auch „Flachs" genannt) wird Leinenstoff gewonnen. Dabei handelt es sich aber um eine zarte, blau blühende Pflanze. Das Leinkraut, das häufig auf Bahnanlagen wächst, ist mit dieser Faserpflanze nicht verwandt. Die Ähnlichkeit der Blätter beider Pflanzen erklärt die Namensgebung.

Die bis zu 3 cm großen Blüten weisen einige Besonderheiten auf. Fest presst sich die orangefarbene Unterlippe der Blüte an die Oberlippe. Lediglich größere Insekten wie Hummeln, Bienen und Schmetterlinge vermögen mit viel Kraft an den begehrten Nektar zu gelangen (Kraftblume). Außerdem müssen die Tiere tief in die Blüten hineinkriechen, denn sie haben einen langen Sporn, in dem sich der Nektar verbirgt.

Bis zu 1 m tief reichen die Wurzeln in den Boden hinein und versorgen die Pflanze mit Wasser.

Leinkraut

> **Erkunden**
> Eine Blüte mit einem kleinen Stöckchen öffnen!

Brachflächen und Bahnanlagen

Stinkender Storchschnabel
Wie der Name vermuten lässt, verströmt die Pflanze beim Zerreiben einen unangenehmen Geruch. Die Früchte sehen wie kleine Storchenschnäbel aus. Steht das Kraut in der prallen Sonne, färbt es sich rot.

Erkunden
Den Duft schnuppern!

Bruchkraut
Wie in den Pflasterritzen ist das Bruchkraut auch im Schotterbett und auf vielen Bahnsteigen zu finden.

Bruchkraut

Hasenklee
Trockene Standorte sind ideal für den Hasenklee. Ein wenig befahrener Weg entlang der Gleise ist schnell besiedelt. Die zottigen Kelchhaare des Hasenklees lassen die Blütenstände wie Weidenkätzchen aussehen. Jeder einzelne Same ist mit flauschigen Haaren umgeben und fliegt dadurch mit dem Wind davon, um neue Standorte zu besiedeln.

Hasenklee

Erkunden
Flauschige Blütenstände erfühlen!

Experimentieren
Einzelne Hasenkleesamen mit flauschigen Härchen aus dem Blütenstand zupfen und wegpusten. Wie weit fliegen sie?

Brachflächen und Bahnanlagen

Mit dem Zug angereist

Wie kommen diese wärmeliebenden Pflanzen, die ansonsten auf Schotter- und Sandflächen wachsen oder sogar aus dem warmen Mittelmeergebiet stammen, überhaupt auf unsere Bahnhöfe?

Viele Samen von Pflanzen bleiben an den Wagenrädern oder an anderen Zugteilen hängen, manche sogar in den Schuhsohlen von Reisenden. Oder aber sie stecken an oder in den Behältern, in denen Waren transportiert werden, wie zum Beispiel Säcke oder Kisten. Auf den Bahnhöfen können die blinden Passagiere heraus- oder abfallen. Viele Samen werden durch fleißige Bahnhofsangestellte mit dem Besen weggefegt, häufig wird auch mit Spritzmitteln das unerwünschte „Unkraut" beseitigt. Manche Pflanzen schaffen es aber trotzdem, sich hier anzusiedeln. Vor allem in den Bereichen, die nicht dem täglichen Bahnhofsbetrieb ausgesetzt sind. Die Konkurrenz mit anderen Pflanzen ist nicht sehr groß, da viele unserer heimischen Pflanzenarten auf den sehr trockenen, steinigen Standorten nicht wachsen können.

Reichhaltige Tierwelt

Auf dem Bahnhofsgelände ist im Sommer aufgrund des Blütenreichtums eine Vielzahl von Insekten zu beobachten. Bienen, Hummeln, Schwebfliegen und Schmetterlinge fliegen von Blüte zu Blüte. Und vielleicht hört man Grillen zirpen.

Biene

Hummel

Schwebfliege

Brachflächen und Bahnanlagen

Zugexpedition in die Steinwüste

	Gruppenspiel		Sommer		8–11
	breites Band oder zusammengeknotete Halstücher		abgelegenes, ungefährliches Terrain des Bahnhofgeländes		

An einem warmen, sonnigen Tag wird den Kindern eine Zugexpedition in die Steinwüste angekündigt. Sie sollen dort Pflanzen und Tiere beobachten. Da es in der Wüste heiß und trocken ist, sollten die Kinder Sonnenhüte und Wasserflaschen im Gepäck haben. Erst am Bahnhof werden die Kinder darüber aufgeklärt, dass sie nicht wirklich in einen Zug steigen, sondern selber der Zug sein sollen, der das steinige Bahnhofsgelände erkundet. Vorher wird nichts verraten!

Der Spielleiter hält für die Kinder ein breites Band bereit, das für das Spiel benötigt wird. Die Kinder stellen sich hintereinander auf und halten mit der linken Hand das Band fest. Ein Kind wird zum Lokführer bestimmt, der Spielleiter ist der Schaffner und Expeditionsleiter. Er führt den Zug über das Bahnhofsgelände. Während der ganzen Expedition sollen die Kinder mit Hilfe des Bandes beisammen gehalten werden. Wird eine Pflanze oder ein Tier erklärt, stellen sich die Kinder im Kreis oder Halbkreis auf. Eine Rast findet möglichst auf dem warmen Schotter statt, damit die Kinder die aufgeheizten Steinstandorte selber spüren.

Brachflächen und Bahnanlagen

Pflanzen verbreiten

	Gruppenspiel		Sommer		5–11
	kleiner Ball		--		

Die Mitspieler sitzen im Kreis und stellen Bahnhofswärter auf einem Bahnsteig dar. Ein Kind wird zum Zug erwählt und bekommt einen Pflanzensamen (kleiner Ball) in die Hand.

Die Kinder singen: „Dreh dich nicht um, denn der Zug der fährt herum! Wer sich umdreht oder lacht, kriegt den Buckel blau gemacht!" Der Zug fährt dabei außen um den Kreis herum und versucht möglichst unbemerkt, den Samen hinter einen der Bahnhofswärter zu legen, also hinter einen der Mitspieler. Bemerkt der Bahnhofswärter den Samen, macht er den Bahnsteig schnell sauber, indem er den Samen aufnimmt. Damit rennt er hinter dem Zug her, um diesen zu fangen. Der Zug fährt währenddessen schnell um den Kreis herum auf den freigewordenen Platz und wird somit zum Bahnhofswärter. Wird der Zug vorher abgeschlagen, spielt er in der nächsten Runde wieder den Zug.

Bemerkt ein Bahnhofswärter den vom Zug gefallenen Samen solange nicht, wie der Zug den Kreis ein weiteres Mal umrundet und wieder hinter ihm steht, hat der Pflanzensame es geschafft, zu keimen. Der Bahnhofswärter wird dann zum Zug und darf selber sein Glück versuchen, weitere Pflanzensamen zu verbreiten.

Gewässer

Fließgewässer

Pflanzen an Fließgewässern

Bäche wie auch größere Flüsse durchziehen die gesamte Landschaft. Im Gegensatz zu Stillgewässern weisen Fließgewässer eine ständige Strömung auf, die durch das Gefälle von der Quelle bis zur Mündung bedingt ist. Fließgewässer nehmen wichtige Funktionen im Naturhaushalt ein. Sie führen das ober- und unterirdisch zufließende Niederschlagswasser ab, sind Lebensraum für zahlreiche Pflanzen- und Tiergemeinschaften, dienen der Trinkwasserversorgung wie auch der Ableitung des gereinigten Abwassers aus Kläranlagen. Nicht zuletzt sind sie Freizeit- und Erholungsraum für den Menschen.

Bach und Fluss
Kleine, schmale Fließgewässer werden als Bäche bezeichnet. Goße, breite nennt man Flüsse.

Kanal
Kanäle sind künstlich angelegte Wasserstraßen, die als Transportwege für Waren oder Menschen dienen.

Graben
Gräben sind vom Menschen künstlich angelegte Fließgewässer, die vor allem der Ableitung von Niederschlagswasser dienen.

Natürliche Bach- und Flussläufe weisen eine typische Tier- und Pflanzenwelt auf. Fließgewässerauen mit natürlichen Vegetationszonen aus Kriechpflanzen, Röhricht, Weiden- und Erlenwald sind in den seltensten Fällen an innerstädtischen Fließgewässern zu finden. Die Gewässerufer sind häufig begradigt, befestigt oder stark betreten. Vielerorts findet man Gebäude oder Straßen direkt bis an das Fließgewässerbett gebaut. Lediglich dort, wo Gewässer durch Parkbereiche fließen, ist die Chance groß, breite Ufersäume aus Gehölzen zu finden.
Schmale Uferstreifen mit Gehölzen sind jedoch auch in Städten vielerorts zu entdecken. Hier stehen Erlen, Weiden, Eschen und verschiedene feuchtigkeitsliebende Straucharten, häufig in Kombination mit Ziergehölzen. Auch kommen Heckensträucher vor wie Holunder, Blutroter Hartriegel, Heckenrose und Hasel. Des Weiteren finden sich hier Sumpfpflanzen, die auch an Teichen und Seen zu entdecken sind wie Schilf, Binsen, Seggen und Wasser-Schwertlilien. Im Uferbereich ist häufig die Große Brennnessel zu finden.

Gewässer

Erle

Aufgrund der männlichen und weiblichen Blütenstände ist die Erle im Winter einfacher zu bestimmen als im Sommer. Die männlichen Blütenstände sehen denen des Haselstrauches ähnlich, die vorjährigen weiblichen sehen wie kleine, rundliche Zapfen aus.

Die Samen sind mit kleinen Schwimmpolstern ausgestattet. Eine geniale Erfindung, denn damit können sie sich im Wasser gut fortbewegen. Die Samen fallen ins Wasser und werden von diesem fortgeschwemmt. Irgendwann geraten sie an einen ruhigen Uferabschnitt oder bleiben zwischen Wurzeln oder Steinen hängen und können dort zu neuen Pflanzen heranwachsen.

Die Schwarz-Erle nimmt an den Gewässerufern eine wichtige Funktion ein. Aufgrund der bis zu 4 m tief reichenden Wurzeln ist sie bestens zur Uferbefestigung geeignet. Sie schützt die Böschungen davor, unterspült und weggeschwemmt zu werden und wird zu diesem Zweck häufig auch gezielt angepflanzt.

Erle

> ### Erkunden
> Im Winter Erlensamen aus den Zapfen pulen und die Schwimmpolster ansehen!

Esche

Die Esche ist ein typischer Baum unserer Uferbereiche und das ganze Jahr über gut zu bestimmen. Im Sommer erkennt man sie an den großen, gefiederten Blättern, im Herbst an der meist auffällig gelben Blattfärbung. Im Winter sind die charakteristischen Fruchtstände sowie die typischen samtschwarzen Blattknospen zu sehen.

Gewässer

Mit einem einseitigen Flügel werden die Samen der Esche propellerartig in alle Winde zerstreut. Dies geschieht nicht nur im Herbst. Die Esche ist ein sogenannter Wintersteher, das heißt, dass die Fruchtstände die winterliche Krone zieren. Für den Dompfaff sind die Früchte eine Delikatesse auf dem winterlichen Speiseplan.

Esche

Baumweide
Verschiedene Baumweidenarten sind an Gewässerufern zu finden. Eine davon ist die Silber-Weide. Sie wird so genannt, weil die Blattunterseiten dieses Baumes aufgrund von feinen Härchen silberfarben erscheinen. Weiden bevorzugen feuchte Böden.

Silberweide

Baumweide

Gewässer

Strauchweide

Neben den Baumweiden finden sich auch einige strauchartige Weidenarten an den Gewässerläufen. Besonders gut ist die Sal-Weide im Frühjahr an den Miezekätzchen zu erkennen. Daraus entwickeln sich die Blüten und Früchte.

Strauchweide

Sal-Weide

Wasser-Schneeball

Im Frühsommer fällt dieser Strauch aufgrund der außergewöhnlichen Blütenstände auf. Charakteristisch sind die am Rand stehenden großen Blüten. Sie sind im Gegensatz zu den kleineren Blüten unfruchtbar, da sie lediglich die Aufgabe haben Insekten anzulocken. Diese lassen sich nicht lange bitten. Unzählige Insekten werden auch durch den wohlriechenden Duft angezogen.

Die im Herbst erscheinenden kugelrunden, knallroten, glasigen Steinfrüchte verbleiben bis in den Winter hinein am Strauch. Es sei denn, sie werden schon vorher von Vögeln gefressen.

Wasser-Schneeball

Gewässer

Pestwurz

Die Pestwurz treibt schon sehr zeitig im Frühjahr schuppige Blütenstängel aus dem Boden. An ihnen sitzen ährenförmige Blütenstände mit zahlreichen rosafarbenen Blüten. Die jungen Blätter sprießen erst später aus dem Boden. Sie können riesengroß werden (bis zu 60 cm breit) und dienen so manch einem Kind als Sonnen- oder Regenhut.
Im Mittelalter glaubte man, dass der starke, unangenehme Geruch der Pflanze die Pest austreiben könne.

Pestwurz

Mädesüß

An Gewässerufern und Gräben ist häufig das Mädesüß zu entdecken. Besonders auffällig ist zur Blütezeit der sehr süßliche Duft, daher der Name.

Mädesüß

Erkunden
An einem Blütenstand vom Mädesüß schnuppern! Auch von Weitem ist der Duft meist wahrzunehmen.

Igelkolben

Die Blüten und vor allem die Fruchtstände des Igelkolbens sehen wie kleine Igelchen aus.

Riesen-Bärenklau und Indisches Springkraut

Immer mehr breiten sich an unseren Gewässerufern die beiden nicht heimischen Pflanzenarten Riesen-Bärenklau und Indisches Springkraut aus. Diese Bärenklauart wird auch „Herkulesstaude" genannt und stammt ursprünglich aus dem Kaukasus. Das Indische Springkraut stammt dagegen, wie der Name sagt, aus Indien.

Die Herkulesstaude ist eine äußerst giftige Pflanze, die bei Berührung schwere Hautveränderungen hervorrufen kann. Das Springkraut ist in der Lage, seine Samen mehrere Meter weit zu schleudern.

Igelkolben

Indisches Springkraut

Herkulesstaude

Gewässer

Tiere an Fließgewässern

An innerstädtischen Fließgewässern sind in der Regel weit weniger Tiere zu beobachten als an Fließgewässern in der freien Landschaft.
Einige Tiere können sich jedoch auch an Fließgewässerabschnitten in den Städten behaupten. Am Ufer sieht man mancherorts Libellen und Schmetterlinge fliegen. Stockenten schwimmen auf dem Wasser, Bachstelzen können mit wippendem Schwanz am Ufer entdeckt werden. In einigen Städten flitzen sogar die ansonsten eher seltenen Vögel Eisvogel oder Wasseramsel über die Wasserfläche hinweg. Viele andere Vögel, die wir aus dem Park und den Gärten kennen, finden in den ufernahen Gehölzen Nahrungs- und Brutmöglichkeiten, so zum Beispiel Amsel, Buchfink, Rotkehlchen, Dompfaff und Meise. An breiteren Flüssen ist innerhalb des Stadtgebietes sogar der Graureiher anzutreffen.

Bachstelze
Die insgesamt sehr schlank wirkende schwarz-grau-weiße Bachstelze ist etwa sperlingsgroß. Besonders auffällig ist der trippelnde Schritt mit dem wippenden Schwanz. Typisch ist auch der wellenförmige Flug. Der Vogel ernährt sich von fliegenden und am Boden laufenden Insekten.

Graureiher
Der Graureiher fällt durch seine imposante Größe auf. Er ist nur wenig kleiner als ein Storch. Mit seinem Schnabel stößt er ins Wasser, um Fische zu fangen. Im Flug erkennt man den Vogel an seiner Größe und an seinem gekrümmten Hals.

Wasseramsel

Die Wasseramsel ist etwas kleiner als unsere Amsel. Typisch ist die weiße Brust und der aufrechte Stummelschwanz. Sitzt der Vogel am Uferrand auf einem Stein, knickst er auffällig. Von dort aus läuft oder taucht er ins Wasser, um Fische zu fangen. Die Wasseramsel brütet in kleinen Höhlen, zum Beispiel in Mauernischen unter Brücken.

Wasseramsel

Eisvogel

Pfeilschnell fliegt der Eisvogel geradlinig und dicht über die Wasseroberfläche hinweg. Er ist nur etwas größer als ein Sperling, hat aber ein auffallend schillerndes, blau-orangefarbenes Federkleid. Von einem Zweig aus stößt er mit dem kräftigen Schnabel voran ins Wasser und fängt auf diese Weise Fische.

Eisvogel

Gewässer

Vogelbeobachtung

Gruppenspiel (möglichst kleine Gruppen)		Frühling	8–11
--		verschiedene Gelände mit Brücken (Stadt, Park...)	

Es werden mehrere Fußgängerbrücken angelaufen (mitten in der Stadt, im Park...), von denen aus flussauf- und flussabwärts beobachtet wird, welche Vögel zu sehen und zu hören sind. Dabei stellen sich die Kinder nebeneinander ans Geländer und müssen einige Zeit mucksmäuschenstill sein.

Wie viele unterschiedliche Vogelstimmen können gehört werden? Welche Vögel wurden sogar gesehen?

Eisvogel auf Fischfang

Gruppenspiel		ganzjährig	5–11
--		freie Fläche im Park	

Ein Mitspieler wird zum Eisvogel ernannt, alle anderen stellen Fische dar. Letztere schwimmen den Bach rauf und runter. Am Ufer sitzt jedoch der Eisvogel auf einem Zweig und hält nach Beute Ausschau.

Die Fische stehen auf der einen Seite des Spielfeldes. Beim Startsignal des Spielleiters schwimmen sie zur anderen Seite. Gleichzeitig darf der Eisvogel losfliegen und so viele Fische fangen, wie er bekommen kann. Wie viele Fische kann der Eisvogel in der ersten Runde fangen? Gefangene Fische scheiden aus. Für die nächste Runde muss der Eisvogel wieder auf seinen Ansitz zurück. Beim Startsignal schwimmen die übrig gebliebenen Fische zurück. Wie viele Runden benötigt der Eisvogel, um alle Fische zu fangen?

Fischer, Fischer, wie tief ist das Wasser? (S. 134)

Stillgewässer

Im Gegensatz zu Fließgewässern herrscht in Stillgewässern keine oder nur eine geringe Fließgeschwindigkeit des Wassers vor. Hier liegt Grundwasser frei oder Regenwasser sammelt sich auf wasserstauenden Schichten. Es entstehen Teiche, Tümpel oder Seen.
Stillgewässer sind ökologisch wertvolle Lebensräume. In Städten sind sie meist in Verbindung mit Grünanlagen wie zum Beispiel Parks zu finden. Hier können sich zahlreiche Pflanzen- und Tierarten ansiedeln. Städtische Gewässer sind meist sehr nährstoffreich. Im Unterschied zu Gewässern in der freien Landschaft sind in der Stadt liegende Stillgewässer jedoch artenärmer.

Tümpel
Ein Tümpel wird von Regenwasser gespeist und kann in Trockenperioden schon einmal austrocknen.

Teich
Teiche sind künstlich angelegte, kleine Gewässer, die einen Zu- oder Ablauf haben, welche durch Staueinrichtungen reguliert werden.

See
Als See wird eine große, geschlossene Wasserfläche bezeichnet, mit oder ohne Zu- und Ablauf. Auf manchen dieser Seen fahren Boote oder Schiffe, an ihren Ufern wird unter Umständen geangelt.

Pflanzen der Stillgewässer

In Stillgewässern gibt es mehrere Bereiche, die von Pflanzen besiedelt werden können. Im Wasser selber leben untergetaucht Wasserpflanzen, auf dem Wasser finden sich Schwimmpflanzen wie See- und Teichrosen. Im Uferbereich wachsen Röhrichtarten und daran angrenzend Gehölzsäume mit Weiden und Erlen. In städtischen Gewässern sind diese Zonen jedoch selten anzutreffen. Gewässer in Städten weisen häufig befestigte Uferbereiche auf, sind mit Ziergewächsen bepflanzt oder durch Trittschäden beeinträchtigt.

Wasserlinse

In manchen Stillgewässern finden sich Wasserpflanzen, die einen dichten, grünen Teppich auf der Wasseroberfläche ausbilden. Dabei handelt es sich meist um die Kleine Wasserlinse. Sie erhielt ihren Namen aufgrund ihrer Ähnlichkeit mit einer Linse. Da sie von Enten gern gefressen wird, wird sie auch „Entengrütze" genannt. Jede „Linse" besitzt nur eine Wurzel, mit der sie Nährstoffe aus dem Wasser aufnimmt.

Kleine Wasserlinse

Gewässer

Die ähnlich aussehende Teichlinse weist mehrere Wurzeln auf. Die Buckelige Wasserlinse kann aufgrund eines mit Luft aufgeblähten Gewebes, welches ihr ein buckelartiges Aussehen verleiht, gut schwimmen.
Die Untergetauchte Wasserlinse schwebt, wie der Name bereits andeutet, unterhalb der Wasseroberfläche.

Teichlinse

Untergetauchte Wasserlinse

Seerose

Jeder kennt die weiß blühende Seerose. Sie wurzelt im Teichgrund, ihre großen Blätter und Blüten schwimmen auf der Wasseroberfläche. Blatt- und Blütenstiele können bis zu 3 m lang werden.

Seerose

Gewässer

Teichrose
Blatt- und Blütenstiele der gelb blühenden Teichrose können bis zu 6 m lang werden.

Schwimmendes Laichkraut
Das Schwimmende Laichkraut erhielt seinen Namen, weil einige Wassertiere gern ihren Laich an der Pflanze ablegen.

Teichrose

Schwimmendes Laichkraut

Schilf
Im Uferbereich findet sich an manchen Stellen ein Schilfgürtel. Mit den Halmen des Schilfrohres werden auch heute noch mancherorts Dächer gedeckt (so genannte „Reetdächer").

Wasser-Schwertlilie
Die Wasser-Schwertlilie ist auch ohne die auffällig gelben Blüten gut zu erkennen. Blätter und Stängel sehen wie flach gepresst aus, die Blätter wie große Schwerter.

Schilf

Gewässer

Wasserdost
Der Wasserdost kann bis zu 1 m hoch werden. Aus den rosafarbenen Blüten bilden sich Samen mit Anhängseln, die denen des Löwenzahns ähneln. Damit können sie bis zu 10 km weit an andere Ufer wehen und zu neuen Pflanzen auswachsen.

Wasserdost

Blut-Weiderich
Der Blut-Weiderich erhielt seinen Namen aufgrund der blutroten Blüten und der Ähnlichkeit der Blätter mit denen von Weiden.

Sumpf-Dotterblume
Von April bis Juni lassen sich an vielen Stillgewässern die leuchtend gelben Blüten der Sumpf-Dotterblume entdecken.
Bei Regen bleiben die Blüten geöffnet. Wasser sammelt sich in den Blüten und gibt den Pollen die Möglichkeit, von den Staubbeuteln zu den Narben zu schwimmen.

Blut-Weiderich

Sumpf-Dotterblume

Gewässer

Segge
Seggen sind grasartig erscheinende Pflanzen mit dreikantigen Stängeln und schneidend scharfen Blättern. Der Name „Segge" leitet sich ursprünglich von „schneiden"/„sägen" ab. An Gewässern sind verschiedene Seggenarten zu finden.

Binsen
Auch Binsen sind grasartig erscheinende Pflanzen, weisen jedoch runde Stängel auf. Vor allem die Flatterbinse ist an Gewässerufern häufig zu finden. Typisch ist der an einer Stelle aus dem Stängel drängende Blütenstand, der im Wind flattert.

Segge

Flatterbinse

Weide und Erle
Im Uferbereich sind auch Bäume und Sträucher zu finden, so zum Beispiel zahlreiche Weidenarten. Wie an Ufern von Bächen wachsen Erlen auch im Uferbereich von Stillgewässern.

Tiere an Stillgewässern

An innerstädtischen Gewässern sind in der Regel weit weniger Tiere zu beobachten als an Gewässern der freien Landschaft. Einige Tiere können sich jedoch auch hier behaupten.
Eher selten sind Fische im Wasser zu finden. Am Gewässerrand sieht man Libellen fliegen. Wo blühende Uferpflanzen wachsen, sind meist auch Schmetterlinge und andere Insekten zu beobachten. So kann zum Beispiel der Distelfalter auf dem Blut-Weiderich beobachtet werden wie auch die Biene auf dem Wasserdost. Mancherorts nutzen Frösche und Kröten die Gewässer zur Eiablage. Teich- und Blässhühner sowie Stockenten und Schwäne sind das ganze Jahr über auf dem Wasser zu beobachten. Andere, zum Teil nicht wassergebundene Vögel, besiedeln die ufernahen Gehölze.

Distelfalter

Biene

Teichhuhn
Das Teichhuhn ist ein typischer Parkvogel und lässt sich vielerorts aus nächster Nähe beobachten. Es trägt ein dunkles Gefieder und besitzt einen roten Schnabel. Sowohl tierische als auch pflanzliche Nahrung steht auf seinem Speiseplan.

Teichhühner

Blässhuhn
Das Blässhuhn sieht dem Teichhuhn sehr ähnlich, weist aber einen weißen Schnabel und einen weißen Stirnfleck auf. Im Winter kann man manchmal viele Blässhühner auf den Gewässern beobachten.

Blässhuhn

Stockente
Es gibt kein Gewässer im Park, auf dem nicht auch Stockenten zu beobachten sind. Besonders auffällig dabei ist der Erpel, die männliche Stockente, mit dem flaschengrünen Kopf. Stockenten nisten am Boden, häufig nahe dem Wasser und ernähren sich von Pflanzenteilen, Insekten und deren Larven. Auch Brot und andere Abfälle der Parkbesucher werden gefressen.
Die Stockente ist die Stammmutter unserer Hausenten.

Stockentenpaar

Gewässer

Höckerschwan

Höckerschwan
Auf vielen städtischen Gewässern sind Höckerschwäne anzutreffen. Die Schwaneneltern sind ihren Jungen gegenüber sehr fürsorglich. Oft bleiben die Familien bis in den Winter hinein zusammen. Diesen Verbänden sollte man nicht zu nahe kommen, weil die Elterntiere die Jungen vor Fremden unter Umständen aggressiv beschützen!

Haubentaucher
Haubentaucher sind an ihrem auffälligen Kopfschmuck zu erkennen. Auf der Jagd nach kleinen Wasserinsekten, Kaulquappen oder Fischen können die Tiere lange Zeit unter Wasser bleiben.

> **Erkunden**
> Werden tauchende Haubentaucher entdeckt, kann anhand eines Sekundenzeigers (oder langsamen Zählens) die Dauer der Tauchgänge ermittelt werden!

Möwe
An vielen städtischen Gewässern sind auch Möwen zu entdecken.

Haubentaucher

Lachmöwe

Frosch

Frösche führen ein Doppelleben. Sie können sowohl im Wasser als auch auf dem Land leben. Hört man tagsüber Frösche quaken, handelt es sich meist um den grünen Wasserfrosch. Er verbringt die meiste Zeit im Wasser. Der Grasfrosch hingegen ist braun und befindet sich größtenteils an Land.

Wasserfrosch

In einer warmen Frühlingsnacht, während der Paarungszeit, locken die Froschmännchen die Weibchen mit lautem Quaken an. Zum Laichen müssen die Tiere Gewässer aufsuchen, in denen die Eier abgelegt werden. Aus den Kaulquappen, die wie Fische Kiemen besitzen, entwickeln sich die erwachsenen Tiere mit lungenähnlichen Organen.

Grasfrosch

Erdkröte

Kröten weisen warzenförmige Auswüchse der Haut auf. Wenn die Tiere angegriffen werden, sondern diese giftige Sekrete ab. Erdkröten bewegen sich nicht hüpfend und springend fort wie Gras- und Wasserfrosch, sondern laufen auf allen vieren.

Erdkröten sind meist nachtaktiv, laichen in Stillgewässern und verstecken sich tagsüber unter Steinen oder in Erdlöchern, in der Stadt auch gern in Kellern.

Erdkröte

Gewässer

Libelle
Große und kleine Libellen in unterschiedlichsten Farben sind an vielen Gewässern zu beobachten. Sie sehen zwar aus, als ob sie gefährlich wären und stechen könnten, aber es handelt sich um völlig harmlose Insekten.

Großlibelle

Kleinlibelle

Erkunden
Die Flugkünste der Libellen zu beobachten ist spannender als jede Flugzeugschau!

131

Gewässer

Alle meine Entchen

	Gruppenspiel		ganzjährig		3–5
	--		Wiese im Park		

Die Mitspieler falten ihre Hände hinten auf dem Rücken. Während die erste Zeile des Liedes „Alle meine Entchen..." gesungen wird, watscheln die Kinder über die Wiese. Beim Singen der zweiten Zeile beugen sie sich nach vorn, als wenn sie Wasser trinken möchten, und strecken dabei so weit wie möglich die Arme in die Höhe (immer noch auf dem Rücken gefaltet).

Libellenflug

	Gruppenspiel		Frühling, Sommer		3–5
	--		freie Fläche im Park		

Nachdem die Kinder Libellen im Flug beobachtet haben, geht es nun darum, diesen zu simulieren. Mit ausgebreiteten Armen fliegen die Kinder kreuz und quer, hin und her über das Spielfeld. Dabei sollen sie sich gegenseitig weder berühren noch umrennen.

Können alle pfeilschnell fliegen und den anderen dabei immer ausweichen?

» 132

Gewässer

Froschkonzert am Teich

	Gruppenspiel		Frühling		5–11
	Augenbinde für jedes zweite Kind		freie Fläche im Park		

Ein abgestecktes Spielfeld stellt einen Teich dar. Jeweils zwei Mitspieler schließen sich zusammen, von denen einer das Froschweibchen darstellt, der andere das Männchen. Gemeinsam vereinbaren sie ein Wort als Ruflaut, mit dem sie sich untereinander verständigen können. Dieses Wort sollte die Silbe „-qua(r)k" enthalten (zum Beispiel Magerquark, Erdbeerquark oder auch Quakquak...).

Den Weibchen werden nun die Augen verbunden, die Männchen stellen sich an der einen Seite des Spielfeldes auf. Die Weibchen werden vom Spielleiter auf die andere Seite geführt und bunt durcheinander aufgestellt. Sie sollen ihren Partnern nicht direkt gegenüber stehen.

Der Spielleiter gibt das Startsignal mit dem Kommando „Warme Frühlingsnacht" und die Männchen locken mit ihren Rufen das zu ihnen gehörende Weibchen an.

In der nächsten Runde werden die Rollen getauscht.

Gewässer

Fischer, Fischer, wie tief ist das Wasser?

	Gruppenspiel		ganzjährig		5–11
	Augenbinde für jedes zweite Kind		freie Fläche im Park		

Die Mitspieler stellen sich an einer Seite des Spielfeldes nebeneinander auf. Einer wird zum Fischer erwählt und steht auf der gegenüberliegenden Seite.

Dann fragen die Kinder:
„Fischer, Fischer, wie tief ist das Wasser?"

Der Fischer antwortet zum Beispiel:
„Vier Meter!"

Die Kinder fragen:
„Wie kommen wir rüber?"

Der Fischer überlegt, auf welche Art und Weise sich die Kinder nun zu ihm hin bewegen sollen und antwortet zum Beispiel:
„Auf dem rechten Bein hüpfend!"
(oder „Seitlich laufend", „Mit geschlossenen Augen", „Singend", „Rückwärts laufend"…)

Der Fischer hüpft den Kindern entgegen und versucht dabei, möglichst viele von ihnen abzuschlagen. Er muss beim Fangen die gleichen Bewegungen vornehmen, die er den Kindern zuvor aufgetragen hat. Alle gefangenen Kinder helfen dem Fischer in der zweiten Runde beim Fangen.

Älteren Kindern kann die Aufgabe gestellt werden, dass die Bewegungsaufgaben mit Tieren aus dem Park und dem Gewässer zu tun haben sollen. Der Spielleiter kann Hilfestellung bieten: wie ein Frosch hüpfend, wie eine Libelle fliegend, wie ein Wurm kriechend, wie ein Vogel pickend, wie eine Ente watschelnd, wie ein Schmetterling flatternd, wie ein Fisch schwimmend, wie ein Kaninchen hoppelnd, wie ein Fuchs schleichend, wie ein Vogel fliegend, wie eine Biene summend, wie eine Hummel brummend, wie ein Mensch joggend…

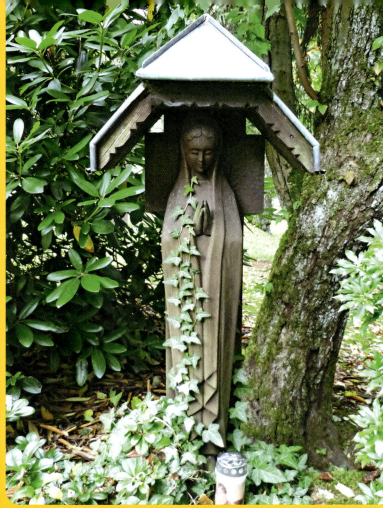

Parkanlagen und Friedhöfe

Parkbäume

Im Gegensatz zu den Bäumen, die wir in der Stadt an Straßen und auf Plätzen finden, haben Bäume in Parkanlagen meist reichlich Platz, um zu großen, ausladenden Exemplaren heranzuwachsen. Bei diesen sind, vor allem im Winter, die jeweils für die Baumarten typischen Wuchsformen besonders gut zu erkennen. Einzeln stehende prächtige Bäume werden auch als „Solitärbäume" bezeichnet.

Obwohl auch Parkbäume von Luftverschmutzung betroffen sein können, fehlen in Parkanlagen weitgehend Beeinträchtigungen wie Einengung des Wurzelbereiches, Beschädigungen durch Kanalbaumaßnahmen, parkende Autos und so weiter.

Stauden- und Strauchbeete, Rasen oder Wiese sind unter Parkbäumen zu finden. So manch eine schattige Bank unter den ausladenden Kronen lädt im Sommer zum Verweilen ein. Die Vielzahl der Laubbäume in Parkanlagen ist groß. Neben zahlreichen Ziergehölzen sind meist auch heimische Laubbäume zu finden.

Eiche

Die Eichenblüte ist recht unscheinbar. Dagegen kennt jeder die nussartigen Eicheln, die in einem Fruchtbecher an langen Stielen sitzen.

Typisch für die Eiche sind die gelappten Laubblätter. Aus einer Geschichte geht hervor, dass der Teufel für die Blattform verantwortlich ist: Ein Müller war in bittere Not geraten. Da half ihm der Teufel mit einem Sack Geld aus. Falls der Müller bis zum Herbst das Geld nicht zurückzahlen könne, würde der Teufel die Tochter des Müllers zur Frau nehmen dürfen. Der Müller ging darauf ein und wies darauf hin, dass der Teufel dann kommen solle, wenn keine Blätter mehr an der Eiche sitzen. Das war dem Teufel recht. Er kam im Herbst, aber es waren noch Blätter an der Eiche; er kam im Winter, aber es waren immer noch Blätter an der Eiche. Als er im Frühjahr kam, waren die Blätter vom Vorjahr zwar abgefallen, aber es waren schon wieder neue Blätter am Baum. Vor lauter Wut, dass ihn der Müller reingelegt hatte, biss der Teufel in die Blätter der Eiche und deshalb sehen diese heute so gelappt aus. Tatsächlich behält die Eiche die (braunen) Blätter häufig bis zum Austrieb der neuen grünen im nächsten Frühjahr am Baum.

Parkanlagen und Friedhöfe

Buche

Typisch für die Buche sind die glatten Stämme. Manch ein Liebespaar hat sich darin verewigt. Die Rinde mit einem Messer zu verletzen bekommt dem Baum jedoch nicht gut. Sie erfüllt wichtige Funktionen beim Nährstofftransport.

Auch die Buche behält ihr braunes Laub lange in den Winter hinein an den Zweigen; gleichzeitig sind die langen, spitzen Blattknospen für den Neuaustrieb der Blätter im Frühjahr zu entdecken. Die Blätter sind ganzrandig, ganz junge sind am Rande flaumig behaart. Die dreieckigen Bucheckern sitzen in stacheligen Fruchtbechern und fallen im Herbst auf den Boden.

Buche

Buchenstamm

Buche im Winter

Buchenblätter

stachelige Fruchtbecher

Bucheckern

Naschen
Im Herbst die essbaren Bucheckern sammeln. Roh nicht mehr als zwei bis drei davon essen, da sie Inhaltsstoffe enthalten, die in größeren Mengen gesundheitsschädlich sein können!

Ahornfrüchte

Ahorn

Der Spitz-Ahorn fällt im April durch seine gelben Blütenstände auf, die vor den Blättern erscheinen. Im Gegensatz zum Berg-Ahorn sind die Blattspitzen des Spitz-Ahorns viel spitzer. Die Blütentrauben des Bergahorns erscheinen später, wenn schon Laub auf den Bäumen sitzt. Bis zum Herbst haben sich aus den Blüten die für Ahorn typischen Früchte entwickelt, die Kinder als Nasenzwicker benutzen.

Spitz-Ahorn in Blüte

Berg-Ahorn

Ahornblüten

Parkanlagen und Friedhöfe

Spitz-Ahornblatt

Berg-Ahornfrüchte

Berg-Ahornblatt

Experimentieren
Im Herbst Nasen der Kinder mit „Nasenzwickern" schmücken!

Berg-Ahornblüten

Linde

Frei wachsende Linden weisen eine herzförmige Silhouette auf. Typisch für den beliebten Parkbaum sind die ebenfalls herzförmigen Blätter und die im Juni erscheinende Blütenpracht.

Millionen von Blüten locken viele Bienen an, die aus dem gesammelten Nektar köstlichen Lindenblütenhonig herstellen. An einem sonnigen Tag ist die Luft vom süßen Nektar und vom Summen der Bienen erfüllt. Auch zahlreiche andere Insekten wie Käfer, Fliegen und Schmetterlinge sind zu beobachten.

Im Herbst fallen die kugelförmigen Samen vom Baum. Mit den propellerartigen Anhängseln werden sie vom Wind ergriffen und segeln fort, um neue Standorte zu besiedeln.

Linde im Sommer

Linde im Winter

Linde im Herbst

Blätter und Blüten der Linde

Biene

Lindenfrüchte mit Propeller

> **Erkunden**
> Zur Blütezeit der Linden (meist Mitte Juni) unter einem Lindenbaum dem Summen der zahllosen Bienen lauschen und den Duft der Blüten schnuppern!

Rosskastanie

Rosskastanie

Rosskastanien haben im Frühjahr auffällig dicke Blattknospen, im Sommer kerzenförmige Blütenstände und im Herbst die allgemein bekannten Früchte–die Kastanien. Typisch für diesen Baum sind auch die fingerförmigen Blätter.

Würden alle Blüten zu Samen auswachsen, hätte der Baum ein Gewicht von etwa 10 t zu tragen. Daher hat er die Strategie entwickelt, überzählige junge, unreife Früchte frühzeitig abzuwerfen. Diese sieht man im Sommer unter den Bäumen liegen Aus fleischigen, stacheligen Kapseln fallen im Herbst die reifen Samen heraus. Für ihre Verbreitung sorgen vor allem Nager (zum Beispiel das Eichhörnchen), die sie als Wintervorrat verstecken. Manch ein Vorratslager wird vergessen, sodass diese Kastanien die Chance bekommen zu keimen und zu einem prächtigen Baum zu entwickeln.

Die Ähnlichkeit der Früchte mit denen der Esskastanie hat dem Baum den Namen Rosskastanie verliehen. Verwandt sind die beiden Gehölze jedoch nicht. „Ross" bezieht sich auf die ehemalige Verwendung als Pferdearznei bei Husten und Blähungen. Auch wurden erschöpfte Pferde mit Kastanien gefüttert.

Seit Anfang der 90er Jahre breitet sich bei den Rosskastanien eine Blattkrankheit aus, die von den Larven der Miniermotte verursacht wird. Der Befall führt dazu, dass sich die Blätter frühzeitig verfärben und abfallen.

Blattknospen

Blütenstände und Blätter

einzelne Blüten

Fruchtstand

abgefallene Früchte

Kastanien

Erkunden
Sind im Sommer unter den Rosskastanien abgefallene, noch unreife Kastanien zu entdecken?

Viele heimische, aber auch fremdländische Nadelbäume sind in Parkanlagen zu finden. Wie Laubbäume können sich auch Nadelbäume zu stattlichen Solitärbäumen entwickeln.

Fichte und Tanne

Fichten und Tannen sind immergrün, das heißt, sie tragen auch im Winter Nadeln. Die beiden Gehölze sehen sich recht ähnlich, können aber leicht unterschieden werden.
Die Nadeln der meisten Fichten sind gleichmäßig grün und spitz, die der Tanne sind an der Spitze meist abgerundet und weisen auf der Unterseite häufig zwei längslaufende helle Streifen auf. Bei der Tanne sitzen die Nadeln mit einem kleinen runden Näpfchen auf der Rinde. Reißt man dagegen eine Fichtennadel vom Zweig, bleibt ein kleines v-förmiges Stückchen von der Rinde am Nadelstielchen stehen, denn Fichtennadeln sind mit der Rinde verwachsen. Entnadelte Tannenzweige fühlen sich glatt an, Fichtenzweige dagegen sehr rau.
Tannenzapfen stehen senkrecht auf den Zweigen und zerfallen am Baum. Die Schuppen lösen sich und die Samen fallen aus den Zapfen einzeln zu Boden. Fichtenzapfen hängen an den Zweigen und fallen als Ganzes herab.

Fichte

Fichtenzapfen

Fichtennadeln

Tannennadeln

Tannenzapfen

> **Erkunden**
> Ganzjährig können Fichten und Tannen anhand des Ansatzes der Nadeln am Zweig bestimmt werden!

Parkanlagen und Friedhöfe

Kiefer

Kiefern sind immergrüne Nadelgehölze, deren Nadeln meist sehr lang sind und zu zweit beieinander sitzen. Im Gegensatz zu den Tannen- und Fichtenzapfen sind die der Kiefern breiter als lang. Wie bei der Fichte fallen sie als Ganzes vom Baum.
Eichhörnchen und Spechte tragen zur Ausbreitung der Samen bei.

Kiefernnadeln **Kiefernzapfen**

Lärche

Die Lärche ist nicht immergrün. Ihre Nadeln verfärben sich im Herbst und werden abgeworfen, im Frühjahr sprießen neue hervor. Lärchenzapfen sind kleiner und eiförmiger als diejenigen der Tannen, Fichten und Kiefern. Im Sommer sitzen Büschel von weichen Nadeln an kurzen Trieben, im Winter prägen diese Kurztriebe das Bild des Baumes.

Lärche im Herbst **alte und junge Zapfen**

» 144

Parkanlagen und Friedhöfe

Lärchenzweig im Sommer   Lärchenzweig im Winter   Lärche im Winter

Beispiele für Erkundungsmöglichkeiten im Jahreslauf
Viele Bestimmungsmerkmale lassen sich natürlich auch zu anderen Jahreszeiten als hier angegeben beobachten.

Bäume / Jahreszeiten	Frühling	Sommer	Herbst	Winter
Berg-Ahorn		Blätter mit rundlichen Blattzipfeln	geflügelte Früchte	
Buche	ganzrandige Blätter mit behaartem Blattrand		Bucheckern in stacheliger Fruchthülle	glatte Rinde, trockene Blätter am Baum, spitze Blattknospen
Eiche	gelappte Blätter		gestielte Eicheln	trockene Blätter am Baum
Fichte				spitze Nadelspitzen und abgerissenes Rindenstückchen am Nadelansatz
Kiefer				lange, zu zweit beieinander sitzende Nadeln
Lärche	neuer Nadelaustrieb, alte Zapfen	junge und alte Zapfen		Zweige mit Zapfen und Kurztrieben
Linde	herzförmige Blätter	duftende Blüten	Früchte mit Propeller	
Rosskastanie	gefingerte Blätter	kerzenförmige Blütenstände	Kastanien in Fruchthülle	dicke, klebrige Blattknospen
Spitz-Ahorn	auffällige Blüte	Blätter mit spitzen Blattzipfeln	geflügelte Früchte	
Tanne				rundliche Nadelspitzen und näpfchenförmiger Blattgrund

Parkanlagen und Friedhöfe

Tiere auf Parkbäumen

Zahlreiche Insekten wie Bienen und Schmetterlinge bestäuben die Blüten der Bäume, Läuse saugen Pflanzensäfte aus ihren Blättern. Vögel picken Läuse oder Früchte und bauen hier ihre Nester.
Kohl- und Blaumeisen sind häufig im Geäst zu beobachten wie auch Haus- und Feldsperlinge, Stare sammeln sich in den Baumkronen. Mit viel Glück sieht man einen Buntspecht von Baum zu Baum durch den Park fliegen. Ringel- und Türkentauben wie auch Elstern brüten hoch oben in den Bäumen. Säugetiere in den Parkbäumen zu entdecken ist eher eine Seltenheit. Nur das Eichhörnchen ist manchmal in den Baumkronen, von Ast zu Ast springend, zu entdecken.
In Parkanlagen sind meist sehr viele fremdländische Gehölze gepflanzt worden. Diese sind für unsere heimische Tierwelt aus ökologischer Sicht größtenteils nicht oder von nur geringer Bedeutung. Pollen-, Nektar und Samen sind häufig nicht oder nur spärlich vorhanden oder für die heimische Tierwelt nicht als Nahrung nutzbar.

Biene

Hat eine Biene einen blühenden Baum entdeckt, fliegt sie zum Bienenstock zurück und tanzt ihren Artgenossen vor, wie sie zu dieser Nektar- und Pollenquelle gelangen können. Befindet sich der Baum in der Nähe des Bienenstockes, vollführt die Biene einen Rundtanz, also immer im Kreis herum. Liegt die Futterquelle weiter entfernt, schwingt sie den Hinterleib hin und her in die Richtung des Baumes. Das wird „Schwänzeltanz" genannt. Je länger die Biene tanzt, desto weiter ist der Baum entfernt. Da die Biene beim Baum gewesen ist und schon am Nektar genascht hat, erkennen ihre Artgenossen an ihrem Duft, um welchen Baum es sich handelt.

Eichhörnchen

Eichhörnchen verbringen den größten Teil ihres Lebens auf Bäumen. Der auffallend buschige Schwanz der kleinen rostroten bis schwarzbraunen Säugetiere spielt beim Springen und Klettern eine wichtige Rolle, mit ihm hält das Eichhörnchen sein Gleichgewicht. Durch die gekrümmten Finger mit langen Krallen ist es in der Lage, Äste zu umgreifen und sich an Baumrinden festzuhalten. Während das Eichhörnchen mit den kräftigen Nagezähnen Nüsse knackt, hält es diese mit den Pfoten fest. Am Ruf „tschuk, tschuk, tschuk" ist es gut zu erkennen.

Hoch oben in den Bäumen bauen die Tiere aus Ästen ihre kugelförmigen Nester, die „Kobel" genannt werden. Auch im Park lebende Eichhörnchen haben Feinde. Marder zeigen sich tagsüber meist nicht, aber nachts müssen sich die Eichhörnchen vor ihnen hüten. Denn Marder sind gute Kletterkünstler und lauern ihnen in den Bäumen auf.
In ihrem Winterschlaf werden die Eichhörnchen hin und wieder wach, um Nahrung zu sich zu nehmen. Für den Wintervorrat werden im Park Nüsse vergraben oder in Spalten von Bäumen versteckt. Wie fälschlicherweise vermutet wird, erinnern sich die Tiere aber nicht an die Verstecke, sondern spüren sie mit ihrem Geruchssinn auf. Das Eichhörnchen ernährt sich nicht nur von Nüssen, sondern frisst auch Früchte und Beeren, Pilze, frische Pflanzentriebe, Vogeleier und manchmal sogar Jungvögel.

Parkanlagen und Friedhöfe

Blau- und Kohlmeise

Blau- und Kohlmeisen sind ganzjährig in Parkanlagen anzutreffen. Sie nisten in Baumhöhlen, Nistkästen oder Mauernischen und ernähren sich von Insekten, Spinnen und Sämereien.

Blaumeise

Kohlmeise

Haus- und Feldsperling

Haus- und Feldsperling sieht man meist in geselligen Trupps durch Parkanlagen streichen und in den Parkbäumen sitzen. Besonders dreiste Tiere naschen Krümel von Tischen in Parkcafés. Ganzjährig ist das allgemein bekannte Tschilpen zu vernehmen. In Parkanlagen suchen sie häufig im menschlichen Abfall nach Nahrung. Sie nisten sich in Baumhöhlen ein, zum Beispiel in ehemaligen Spechthöhlen.

Der Feldsperling ist ganz einfach an dem dunklen Fleck (Eselsbrücke: Feld) auf der Wange vom Haussperling zu unterscheiden.

Haussperling

Sperling

Feldsperling

Rotkehlchen

Rotkehlchen sind ganz einfach an ihrem rot-orangenen Kehlchen zu erkennen, wie der Name vermuten lässt. Der hohe, fein perlende Gesang des kleinen Vogels ist von morgens bis abends fast das ganze Jahr über zu hören.

Rotkehlchen

Parkanlagen und Friedhöfe

Kleiber und Waldbaumläufer

Zwei unserer heimischen Vogelarten können an Baumstämmen hinauflaufen: der Kleiber und der Baumläufer. Kopfüber herunter kann sich jedoch nur der Kleiber bewegen. Der Baumläufer fliegt einfach den nächsten Baum von unten an und läuft diesen hoch. Die Vögel picken dabei kleine Insekten aus der Rinde und verzehren sie.

Kleiber **Waldbaumläufer**

Buntspecht

Der Buntspecht ist kleiner als eine Amsel und brütet in selbst gezimmerten Baumhöhlen. Auffällig ist sowohl sein lautes „kix", als auch der wellenförmige Flug, mit dem er sich von Baum zu Baum bewegt.

Ringeltaube

Die ursprünglich im Wald lebende Ringeltaube ist auch in den Parkanlagen und Friedhöfen der Städte zu entdecken. Sie ruft „ruhgu-ruguhu-guu".

Buntspecht **Ringeltaube**

Parkanlagen und Friedhöfe

Elster

Elstern sind in Gärten und Parks häufig anzutreffen, da sie hier ein reichhaltiges Nahrungsangebot finden. Die großen, schwarzweißen Vögel mit langem Schwanz werden auch beim Durchstöbern von Abfallkörben nach Essbarem beobachtet. Sie nisten hoch oben in Bäumen in großen, runden Nestern, die den Eichhörnchenkobeln ähnlich sehen. Der Gesang der Elster gleicht eher einem krächzenden „schäck-schäck-schäck-schäk".

Elster

Dohle

In Parkanlagen mit großen alten Bäumen nisten Dohlen in Baumhöhlen. Auf den Rasenflächen sieht man sie dort nach Nahrung picken. Dohlen legen ihre Nester auch in Nischen und Höhlen von Gebäuden an.

Dohle

Eichelhäher

Der Eichelhäher ernährt sich von Früchten der Bäume und von Insekten. Auch Eier und Jungtiere anderer Vogelarten stehen auf seinem Speiseplan. Wie das Eichhörnchen versteckt er Bucheckern, Haselnüsse und Eicheln als Wintervorrat. Eine besondere Auffälligkeit des Federkleides sind die leuchtend blauen, schwarz gebänderten Federn auf den Flügeldecken.

Eichelhäher

Parkanlagen und Friedhöfe

Baum bestaunen

	Einzelspiel		ganzjährig		3–11
	--		--		

Jedes Kind sucht sich einen möglichst mächtigen Baum. Es sollten nicht mehr als zwei bis drei Kinder an ein und demselben Baum stehen. Die Handflächen werden flach an den Stamm gelegt, die Augen geschlossen. Während jedes Kind für sich ganz langsam bis zehn zählt, bewegt es den Kopf langsam nach hinten in den Nacken. Dann öffnet es die Augen und bestaunt den Blick in die Baumkrone.

Parkanlagen und Friedhöfe

Einen Baum wiederfinden

Die Mitspieler schließen sich paarweise zusammen. Einem von ihnen werden die Augen verbunden. Der sehende Mitspieler führt nun seinen „blinden" Partner auf Umwegen zu einem Parkbaum. Das Kind mit den verbundenen Augen hat nun Zeit, Bekanntschaft mit dem Baum zu schließen, indem es die Rinde ertastet und sich besondere Merkmale einprägt. Dann geht es, wieder auf Umwegen, zum Ausgangspunkt zurück.

Findet das Kind den Baum ohne Augenbinde wieder? Anschließend wechseln die Mitspieler die Rollen.

Baum belauschen

Bei einer Exkursion durch den Park wird unter einer großen, ausladenden Baumkrone Halt gemacht. Alle Kinder stellen sich um den Baumstamm auf und schließen die Augen. Keiner spricht und alle lauschen, was ihnen der Baum zu erzählen hat. Wer möchte, kann nachher berichten, was der Baum ihm zugeflüstert hat. Was sagt er bei Wind, was bei Regen?

Bäumchen wechsle dich!

Bis auf einen Mitspieler sucht sich jeder einen Baum. Der Spieler ohne Baum stellt sich in die Mitte und ruft: „Bäumchen, Bäumchen wechsle dich!" Nun müssen alle Spieler rasch ihre Plätze tauschen. Jeder verlässt seinen Baum und sucht sich einen freigewordenen Platz. Der Spieler in der Mitte läuft ebenfalls los und versucht, einen freigewordenen Baum zu besetzen. Der ohne Baum verbliebene Spieler muss nun in die Mitte und das Spiel beginnt von Neuem.

Wenn mehrere Bäume in der Nähe sind, werden natürlich nur so viele genutzt, wie für das Spiel gebraucht werden. Bei acht Spielern wären es also sieben Bäume. Bei großen Gruppen können die mitspielenden Bäume auch mit Kreide oder Kleidungsstücken markiert werden.

Parkanlagen und Friedhöfe

Baumbreite schätzen

Der Spielleiter sucht sich einen einzeln stehenden Parkbaum aus. Dieser sollte auf einer Rasenfläche oder nahe am Weg stehen, damit man darunter herlaufen kann. Nun sollen die Kinder zuvor schätzen, wie breit die Baumkrone ist.

Gemeinsam werden auf einer Geraden mit dem Stamm die beiden äußersten Punkte mit zwei Mitspielern markiert. Ein drittes Kind darf messen. Eine mittlere Schrittlänge dieses Kindes wird mit einem Metermaß ermittelt. Dann schreitet er unterhalb der Krone den Baum ab. Alternativ kann auch die Fußlänge gemessen werden und der Mitspieler trippelt im Gänsefußschritt die Baumbreite ab. Dann muss im Kopf oder mit dem Taschenrechner gerechnet werden (Anzahl der Schritte mal Schrittlänge).

Wie breit ist der Parkbaum?

Mehrere andere Bäume werden auf die gleiche Art und Weise vermessen. Die Kinder schätzen jeweils die Breite, ein Kind darf abschreiten und eines rechnen.

Welcher Baum ist der breiteste im Park und liefert somit am meisten Schatten?

Parkanlagen und Friedhöfe

Baumrindenbilder herstellen

Jeder Mitspieler darf sich einen Parkbaum seiner Wahl aussuchen. Ein Blatt Papier wird an den Baumstamm gelegt und mit dem Bleistift die Rindenstruktur auf das Papier gerubbelt. Kleinere Kinder können die Aufgabe zu zweit meistern. Eines hält das Blatt, während das andere rubbelt und umgekehrt.

Die Rubbelbilder werden nebeneinander gelegt und verglichen. Gibt es Unterschiede? Wer kennt die zugehörigen Baumarten mit Namen?

Schnitzeljagd

In einem kleinen überschaubaren Park werden vom Spielleiter ein Start- und ein weithin sichtbarer Zielpunkt festgelegt. Auf der Strecke dazwischen werden beschriebene Zettel in Bäume oder Büsche gehängt, auf denen jeweils vermerkt wird, um welche Pflanzenart es sich handelt, zum Beispiel: „Ich bin eine Birke". Die Kinder werden zum Startpunkt geführt und sollen nun der Spur der Zettel folgen und das Ziel erreichen. Das könnte zum Beispiel ein Spielplatz oder ein Schatz sein (in Form von Süßigkeiten, eine Geschichte, …).

Am Ziel wird gefragt, welchen Bäumen und Sträuchern die Kinder begegnet sind. Konnten sie sich alle merken?

Parkanlagen und Friedhöfe

Nuss-Versteckspiel

	Einzel- oder Paarspiel		Herbst		8–11
	Stoppuhr; pro Mitspieler 8 Haselnüsse, Walnüsse oder Kastanien		--		

Jedes Kind stellt ein Eichhörnchen dar. Acht Haselnüsse (Walnüsse oder Kastanien) darf jedes Eichhörnchen in einem überschaubaren Gebiet für den Wintervorrat unter Laub oder Wurzeln im Park verstecken oder im Boden vergraben. Dabei sollen sie bedenken, dass die Nüsse im Winter schnell wiedergefunden werden müssen.

Dann kommen alle Eichhörnchen zusammen und der Spielleiter erzählt, dass der Winter naht und es kalt wird. Die Eichhörnchen ziehen sich in ihre Kobel zurück, um zu schlafen. Im Dezember knurrt ihnen der Magen und sie müssen aus ihren warmen Nestern heraus, um Nüsse zu fressen. Alle Eichhörnchen dürfen sich nun auf den Weg machen und zwei ihrer versteckten Nüsse suchen. Da es sehr kalt ist, muss das sehr schnell gehen. Nach einer Minute (Stoppuhr!) müssen alle wieder im Kobel sein. Eichhörnchen, die keine oder nur eine Nuss gefunden haben, scheiden aus. In der Natur wären sie verhungert. Die Überlebenden fressen ihre Nüsse und schlafen wieder ein.

Im Januar ist es bitterkalt. Draußen hat es geschneit und die Eichhörnchen wachen erneut auf. Jetzt ist der Hunger so groß, dass sie vier Nüsse aus den Verstecken holen müssen, um zu überleben. Dafür haben sie wieder nur eine Minute Zeit. Nachdem die Eichhörnchen, die vier Nüsse gefunden und verspeist haben, legen sie sich wieder schlafen. Es wird Februar. Draußen ist es nicht mehr so kalt und der Frühling naht. Die Eichhörnchen holen sich die letzten zwei Nüsse aus dem Versteck.

Haben alle Eichhörnchen den Winter überlebt? Sind sie geschwächt oder manche sogar verhungert? Wer hat sich all seine Verstecke gemerkt? Was passiert mit den nicht gefundenen Nüssen?

Zum Ende des Spieles wird den Kindern erklärt, dass es ein Irrglaube ist, dass Eichhörnchen sich an ihre Verstecke erinnern. Sie spüren sie mit ihrem Geruchssinn auf. So eine feine Nase hat der Mensch leider nicht.

Parkanlagen und Friedhöfe

Marder und Eichhörnchen

	Gruppenspiel		Frühling, Sommer, Herbst		5–11
	--		--		

Die Mitspieler haken sich paarweise Arm in Arm ein und verteilen sich. Sie stellen jeweils ein Eichhörnchen und einen Kobel dar. Ein Paar wird getrennt: Das eine Kind läuft frei herum und wird daher zu einem „freien" Eichhörnchen, das andere zum Marder.

Der Marder muss nun versuchen, dieses Eichhörnchen zu fangen. Es kann sich retten, indem es in einen Kobel flüchtet, das heißt, sich bei einem Paar einhakt. Hakt sich das zu fangende Eichhörnchen auf der linken Seite ein, wird der rechte Mitspieler des Paares zum „freien" Eichhörnchen und muss den Kobel verlassen und wegrennen. Hakt sich das zu fangende Eichhörnchen auf der rechten Seite ein, wird der linke Spieler zum „freien" Eichhörnchen. Wird das Eichhörnchen vom Marder gefangen, werden ganz schnell die Rollen zwischen diesen beiden getauscht und die Jagd geht weiter.

Beim Spielen sollte darauf geachtet werden, dass sich das „freie" Eichhörnchen möglichst schnell einen neuen Kobel sucht, da sich die anderen Spieler sonst langweilen könnten; außerdem hat ein Eichhörnchen viel zu viel Angst und kann gar nicht so lange rennen. Also: Schnell in den Bau!

Parkanlagen und Friedhöfe

Vogelnestzählung

	Gruppenspiel		Winter		5–11
	--		--		

Im Winter, wenn die Bäume nicht belaubt sind, lassen sich gut Vogelnester zählen. Auf einem Spaziergang kreuz und quer durch den Park werden alle sichtbaren Nester gesucht. Vielleicht werden dabei auch Spechthöhlen entdeckt, die gesondert gezählt werden. Auch Eichhörnchenkobel (große, kugelförmige Nester der Eichhörnchen) und die ähnlich aussehenden Elsternnester werden gesondert gezählt.

Parkanlagen und Friedhöfe

Alle Parkvögel fliegen hoch

	Gruppenspiel		ganzjährig		5–11
	--		freier Platz im Park		

Die Kinder versammeln sich mit etwas Abstand zueinander um den Spielleiter herum. Dieser ruft: „Alle Tauben fliegen hoch". Die Kinder müssen nun schnell ihre Arme in die Luft werfen und einige Schritte umherfliegen, denn Tauben leben tatsächlich im Park. Dann bleiben sie stehen und nehmen die Hände wieder herunter.

Nun ruft der Spielleiter: „Alle Rotkehlchen fliegen hoch". Auch das Rotkehlchen ist im Park zu sehen und zu hören. Alle fliegen wieder los. Dann ruft der Spielleiter: „Alle Flamingos fliegen hoch." Flamingos leben jedoch nicht im Park. Alle Kinder müssen deshalb bewegungslos stehen bleiben. Wer doch losfliegt, muss in der nächsten Runde in die Hocke gehen und aussetzen.

Die Vogelarten dürfen auch mehrmals aufgerufen werden.

Parkvögel sind: Amsel, Drossel, Buchfink, Rotkehlchen, Blaumeise, Kohlmeise, Sperling, Buntspecht, Zaunkönig, Kleiber, Taube, Krähe, Star, Stockente, Dompfaff, Zilpzalp, Elster, Teichhuhn, Blässhuhn, Schwan, Eichelhäher, …

Keine ausgesprochenen Vögel unserer Parkanlagen sind: Albatrosse, Hühner, Flamingos, Kanarienvögel, Pelikane, Pinguine, Störche, Strauße, Spaßvögel, Pechvögel, Brathähnchen, Lockvögel, …

 Baumkartierung (S. 35)

 Tierstimmenlauschen (S. 190)

 Was gehört hier nicht hin? (S. 44)

 Bienchen, Bienchen such den Nektar! (S. 97)

Parkwiesen und -rasen

Pflanzen auf Parkwiesen und -rasen

Die meisten Parkanlagen weisen mehr oder weniger große Wiesen- oder Rasenflächen auf. Diese wurden mit Gras- und Kräutermischungen eingesät, die durch regelmäßige Mahd gepflegt werden. Wiesen werden im Sommer in der Regel zwei- bis dreimal gemäht, Rasenflächen sehr viel häufiger.
Die Pflanzen auf Rasen- und Wiesenflächen müssen schnittverträglich sein. Wenn solche Flächen betreten werden, auf ihnen gelagert oder gespielt wird, müssen die Pflanzen zudem auch trittfest sein.
Viele Gewächse halten diesen hohen Anforderungen nicht Stand, weshalb die Anzahl der Pflanzenarten auf intensiv genutzten Rasenflächen sehr gering ist. Hier wachsen zum Beispiel Gänseblümchen, Löwenzahn, Klee sowie einige Gräser.

Gänseblümchen

Auf unbeblätterten Blütenstängeln ragen die hübschen Blütenköpfchen mit den weißen Zungenblüten und den gelben Röhrenblüten über die Blattrosetten hinaus. Abends oder bei Regen schließen sich die Köpfchen, indem sich die weißen über die gelben Blüten legen. Das Gänseblümchen ist das ganze Jahr über zu finden. In milden Wintern kann man sogar blühende Exemplare beobachten. Deshalb hat das kleine Blümchen mancherorts den Namen „Ewige Schöne" bekommen. Es wird auch „Tausendschön" genannt. Somit ist es fast das ganze Jahr über als Orakelblume einsetzbar: „Er liebt mich, er liebt mich nicht..."

Parkanlagen und Friedhöfe

Gänseblümchen

Einer Legende nach sollen die Blüten des Gänseblümchens die Tränen der Gottesmutter Maria sein, die sie auf der Flucht nach Ägypten weinte. Daher wird das Gänseblümchen auch „Maßliebchen" genannt, was so viel heißt wie „der Maria lieb".

Blattrosette

Früher glaubte man, dass Menschen, die Gänseblümchen verzehren, niemals groß werden. Das hat auch J. K. Rowling recherchiert, lässt sie doch ihren Romanhelden Harry Potter bei der Zubereitung eines „Schrumpftrankes" das Gänseblümchen als Zutat verwenden.

> **Orakeln**
> „Sie liebt mich, sie liebt mich nicht..." Oder: „Er liebt mich, er liebt mich nicht..."; „Werde ich einmal heiraten, ja–nein, ja–nein,...?"; „Bekomme ich zum Geburtstag eine CD oder ein schönes Buch, CD–Buch, CD–Buch...?"

Löwenzahn

Den Löwenzahn kennt jeder! Obwohl der Name so bedrohlich klingt, ist Angst vor dieser Pflanze völlig unbegründet. Die rosettenartig an den Boden anliegenden, gezähnten Blätter erinnern lediglich an ein Löwengebiss.

Im April steht der Löwenzahn in voller Blüte. Die Blütenköpfchen sitzen einzeln auf langen, hohlen, Milchsaft führenden Stängeln. Pflanzen mit solchen „Blütenkörbchen" werden zur Familie der Korbblütler gezählt. Beim Löwenzahn weist jedes einzelne Körbchen bis zu 200 Blüten auf, die wie kleine Zungen aussehen. Die Blütenköpfchen öffnen sich nur bei sonnigem Wetter und werden vor allem von Bienen besucht. Für 1 kg Honig müssen etwa 125.000 Blütenköpfe angeflogen werden, also etwa 25 Millionen Zungenblüten.

Mancherorts wird der Löwenzahn auch „Butterblume" genannt, weil man früher mit den Blüten Butter gelb gefärbt hat.

Für die Verbreitung der Samen ist eigentlich der Wind verantwortlich, aber dazu haben auch schon viele Kinder mit ihrer Puste beigetragen. Die Samen mit den kleinen Fallschirmen sind federleicht und können vom Wind bis zu 10 km weit fortgetragen werden. Finden sie dort, wo sie landen, geeignete Lebensbedingungen vor, können sie zu neuen Pflanzen heranwachsen.

Parkanlagen und Friedhöfe

Kinder zählen die nach dem Wegpusten verbliebenen Samen am Blütenboden der „Pusteblume", um zu orakeln, in wie vielen Jahren sie wohl heiraten werden. Wer alle auf einmal wegpusten kann, darf sich etwas wünschen!

Löwenzahn

> ### Orakeln
> Auf Pusteblume blasen und sehen, in wie vielen Jahren geheiratet wird!

Klee

Auf Rasen- und Wiesenflächen finden sich häufig der Rote Wiesen-Klee und der Weiß-Klee ein. Die Benennung ist auf die Farbe der Blüten zurückzuführen. Typisch für beide Pflanzen sind die Blätter. Vierblättrige Kleeblätter gelten wegen ihrer Seltenheit als Glückssymbol. Auf Rasenflächen ist vor allem der Weiß-Klee zu finden.

Eine alte Legende gibt Aufschluss darüber, warum Bienen nicht zu den Bestäubern des Roten Wiesen-Klees zählen. Weil Bienen Sonntags vom lieben Gott erwischt wurden, wie sie sich den süßen Nektar aus den Wiesen-Kleeblüten holten, verwehrte dieser ihnen den Zugang zum Nektar, indem er die Kleeblüte mit einer langen Blütenröhre versah. Fortan konnten die Bienen mit ihren kurzen Rüsseln den süßen Nektar am Grunde der Röhre nicht mehr erreichen. Seither wird die Kleeblüte von Hummeln und Schmetterlingen besucht, weil diese einen langen Rüssel haben.

Roter Wiesen-Klee   **Weiß-Klee**   **Kleeblatt**

> ### Singen
> Wer das Glück hat, ein vierblättriges Kleeblatt zu finden, darf sich ein Lied wünschen, welches ihm die anderen Kinder gleich vorsingen können. Das könnte zum Beispiel das Lied „Viel Glück und viel Segen...!" sein.

Parkanlagen und Friedhöfe

Braunelle
In vielen Rasenflächen wächst die Braunelle mit ihren dunkelvioletten Blütenköpfchen.

Ehrenpreis
Kleine zarte Blüten bilden Ehrenpreisarten aus, die trotz der häufigen Mähtermine in manchen Rasen blühend zu entdecken sind.

Braunelle

Ehrenpreis

Gräser
In Rasenflächen finden sich meist mehrere Grasarten. Sie sind schwer zu bestimmen, da die Flächen immer wieder gemäht werden und die Gräser selten zur Blüte gelangen. Häufig wächst hier das Einjährige Rispengras, welches besonders trittverträglich ist. Viele Gräser vermehren sich durch unterirdische Ausläufer. Typisch für alle Süßgräser sind die Knoten an den Stängeln. Bei den kurz gehaltenen Gräsern der Rasenflächen sind diese jedoch nicht leicht zu entdecken.
Selten gemähte und wenig betretene Wiesen weisen eine artenreichere Flora auf. Neben den oben genannten Pflanzenarten sind viele weitere zu finden.

Erkunden
Knoten an den Stängeln suchen!

Parkanlagen und Friedhöfe

Großer Sauerampfer

Typisch für den Sauerampfer sind die stängelumfassenden Öhrchen am Blattgrund. Die Blätter stehen in Blattrosetten zusammen. Hat die Pflanze zwischen den Mähterminen Zeit zur Blüte zu gelangen, entwickelt sich eine rötliche Blütenrispe.

Sauerampfer

Spitz-Wegerich

Typisch für den Spitz-Wegerich sind die schmalen, langen Blätter, die in einer Rosette wie Lanzen aus dem Boden sprießen.

Spitz-Wegerich

Parkanlagen und Friedhöfe

Der Saft eines Spitz-Wegerichblattes lindert das Jucken von Mückenstichen und Brennnesselrötungen. Kleine Wunden lassen sich damit desinfizieren.

> **Experimentieren**
> Vielleicht hat jemand aus der Gruppe einen Mückenstich und stellt sich als Testperson für die „Behandlung" mit Spitz-Wegerichsaft zur Verfügung.

Spitz-Wegerich

Hahnenfuß

Mehrere Hahnenfußarten können in Parkwiesen entdeckt werden. Sie sind unter anderem an den leuchtend gelben Blüten zu erkennen.

Hahnenfuß

Wiesen-Labkraut

Das Wiesen-Labkraut weist in Etagen stehende, quirlförmige Blätter auf und blüht in weißen, duftenden Blütenrispen.

Wiesen-Labkraut

Parkanlagen und Friedhöfe

Schafgarbe
Wie aus tausend einzelnen Blättchen zusammengesetzt erscheint das Blatt der Schafgarbe. Es gibt weißlich blühende Pflanzen und solche, die eher rosafarben aussehen.

Schafgarbe

Kratzdistel
Hin und wieder sind auch Disteln in Wiesen zu entdecken. Sie sind an den spitz zulaufenden Blättern zu erkennen.

Kratzdistel

Parkanlagen und Friedhöfe

Wiesen-Bärenklau
„Ist der Stängel hart und rau, handelt's sich um Bärenklau!" Der Doldenblütler ist häufig in Wiesen zu finden. Zur Blütezeit werden die Dolden von unzähligen Insekten umschwirrt, da die kleinen Blüten reichlich Nektar absondern.

Bärenklau

> **Erkunden**
> Harten, rauen Stängel des Wiesen-Bärenklaus erfühlen!

Margerite
Wie das Gänseblümchen kann auch die Margerite als Orakelpflanze eingesetzt werden („Sie liebt mich, sie liebt mich nicht…").

Margerite

165

Parkanlagen und Friedhöfe

Wiesen-Schaumkraut
Dort, wo der Boden etwas feuchter ist, blüht im April / Mai das Wiesen-Schaumkraut. Wo es massenhaft auftritt, sieht es tatsächlich so aus, als ob Schaum auf der Wiese liegt.

Schaumkraut

Tiere auf Parkwiesen und -rasen

Die auf Parkrasen hüpfenden, laufenden oder springenden Tiere sind besonders gut zu beobachten. Da sind zum einen die Wildkaninchen, die in vielen Parkanlagen zu Hause sind. Zum anderen sieht man hier auch zahlreiche Vögel wie Amsel, Singdrossel und Bachstelze, die Würmer, Insekten oder Sämereien picken. Elster und Saatkrähe suchen ihre Nahrung auch im Abfall der Menschen, hier machen sie sich über Brot- oder Obstreste her.

Sobald sich auf den Wiesen- und Rasenflächen Blüten öffnen, erscheinen Bienen, Hummeln und Schmetterlinge wie Kleiner Fuchs, Zitronenfalter und Kohlweißling. Auch Käfer und andere Insekten sind auf den Pflanzen zu entdecken. Abends in der Dämmerung flattern vielerorts lautlos Fledermäuse über den Freiflächen im Park und jagen Insekten.

Ratten haben es besonders auf menschliche Nahrungsreste abgesehen. Ist viel davon vorhanden, vermehren sie sich unverhältnismäßig und können zu großen Problemen führen. Sie knabbern zum Beispiel Kabel an oder übertragen Krankheiten. Füchse dringen zunehmend aus den Randbereichen der Städte ins Zentrum vor. In vielen Parkanlagen und Gärten sind sie schon beobachtet worden. Tagsüber bekommt man sie jedoch nur selten zu Gesicht.

Manche Tierarten ernähren sich von Pflanzen, bei anderen stehen auch Tiere auf dem Speiseplan. Daher gibt es auch in Parkanlagen Raub- und Beutetiere. Nicht nur im Wald, auch im Park fängt nachts der Fuchs Wildkaninchen oder Mäuse. Fledermäuse und Igel gehen hier auf Insektenjagd, Greifvögel auf Mäusefang. Ob sich ein Tier fangen lässt, hängt von seiner Schnelligkeit, Intelligenz und Geschicklichkeit ab. Wildkaninchen schlagen auf der Flucht Haken und bauen in ihrem Erdbau einen zweiten Ausgang ein, damit sie fliehen können, wenn ein Feind eindringt.

Parkanlagen und Friedhöfe

Wildkaninchen
Wildkaninchen sind auch tagsüber aktiv und können daher in Parks häufig beobachtet werden. Ist der Boden sandig, legen sie dort sogar Erdbaue an, in denen sie ihre Jungen großziehen. Sie ernähren sich hauptsächlich von Gräsern und Kräutern. Natürliche Feinde im Park sind vor allem Füchse.

Wildkaninchen

Igel
Tagsüber lässt sich der nachtaktive Igel selten blicken. Er sieht nicht viel, hat aber eine gute Nase und ein gutes Gehör, mit dem er Insekten, Schnecken und Regenwürmer zum Fressen aufspürt. Auch Wurzeln, Obst und Beeren stehen auf seinem Speiseplan. Der Igel zählt zu den Tieren in der Stadt, die am häufigsten dem Straßenverkehr zum Opfer fallen. Ist er in Gefahr, rollt er sich zusammen und streckt dem Feind seine spitzen Stacheln entgegen. Einen Feind wie zum Beispiel einen Fuchs schreckt diese Schutzmethode ab, ein Auto überrollt den Igel jedoch einfach. Am Bauch trägt er übrigens keine Stacheln, denn sonst würde er sich beim Einrollen selber pieksen.

Igel

Maulwurf und Mäuse
Auch Maulwürfe und Mäuse laufen uns tagsüber eher selten über den Weg. Aber Spuren von ihnen sind im Park zu entdecken. Manch ein Mäuseloch ist in den Rasenflächen oder Rabatten zu finden, wie auch Maulwurfshaufen.

Fledermäuse
In Parkanlagen, die alte Baumbestände mit Höhlen, freie Flächen und möglichst noch Gewässer aufweisen, sind Fledermäuse zu beobachten. In der Abenddämmerung gehen sie auf Insektenfang. So wie das Echolot eines U-Bootes andere Fahrzeuge im Wasser ortet, spüren die Fledermäuse ihre Beutetiere auf. Dabei stoßen sie vom Menschen nicht hörbare Laute aus, die in Form von Wellen auf Gegenstände oder vorbeifliegende Insekten prallen. Mit ihren großen Ohren nehmen Fledermäuse die reflektierten Laute wieder auf und können dadurch sehr genau die Entfernung zu den Insekten ermitteln. Die geschickten, wendigen Flieger sind in der Lage mit dieser Methode in kürzester Zeit unzählige Insekten zu fangen.
Fledermäuse halten ihren Winterschlaf in Baum- oder Felshöhlen, aber auch auf Dachböden.
In vielen Sagen und Geschichten treten gemeine Vampire in der Gestalt von blutsaugenden Fledermäusen auf. Wer kennt nicht den Grafen Dracula? In Mitteleuropa gibt es jedoch keine Fledermausart, die sich blutsaugend an den Hals von Menschen oder Tieren festbeißt. Selbst die auf dem südamerikanischen Kontinent lebenden beißenden Fledermausarten haben nichts mit den blutsaugenden Vampiren der Gruselgeschichten gemein.

Großes Mausohr

Gemeiner Grashüpfer

Amsel
Die Amsel ist eine der bekanntesten und häufigsten Vogelarten in unserer Kulturlandschaft. Auf Parkwiesen und -rasen kann man den schwarzen Vogel mit dem orange-gelben Schnabel beim Picken von Würmern und Insekten beobachten. Amseln sind nicht besonders scheu und fliegen erst dann laut zeternd davon, wenn man ihnen schon recht nahe gekommen ist. Ihre Nester legen sie gut versteckt im Gebüsch an.

Singdrossel
Die Singdrossel ähnelt der Amsel in der Körperstatur, ist jedoch etwas kleiner und braun gesprenkelt. Auch sie ernährt sich von Bodentieren.

Grünspecht
Sind im Park alte Baumbestände vorhanden, in denen der Grünspecht seine Höhlen zimmern kann, lässt sich der Vogel auch auf umliegenden Rasen- und Wiesenflächen beim Picken von kleinen Bodentieren beobachten.

Heuschrecke
Im Sommer wird der Parkbesucher vielleicht das Glück haben, eine Heuschrecke zirpen zu hören. Zu Gesicht bekommt man diese Insekten eher selten.

Marienkäfer
Im Park sind im Sommer Marienkäfer und ihre unverkennbaren Larven zu entdecken. Sie ernähren sich vor allem von Blatt- und Schildläusen.

Amsel

Singdrossel

Grünspecht

Marienkäfer

Marienkäferlarve

Regenwurm
Nach Regenschauern lassen sich Regenwürmer auf dem Erdboden beobachten. Sie leben den größten Teil unter der Erde, fressen sich sogar durch das Erdreich und nehmen dabei zersetzte Pflanzenreste als Nahrung auf.
Da der Regenwurm durch die Haut atmet, könnte er bei Feuchtigkeit im Boden ersticken. Doch über der Erde lauern die nächsten Gefahren: das Austrocknen durch die Sonne oder der Schnabel einer hungrigen Amsel.

Parkanlagen und Friedhöfe

Wiesenpflanzen merken und suchen

| Einzel- oder Paarspiel | Frühjahr, Sommer | 5–11 |
| 2 helle Tücher | betretbare Wiesen- oder Rasenfläche im Park | |

Unbemerkt von den Mitspielern breitet der Spielleiter ein Tuch auf dem Parkrasen aus und legt Blüten und Blätter von Wiesen- oder Rasenpflanzen aus. Alle Pflanzenteile werden mit einem zweiten Tuch bedeckt. Wenn alle Kinder beisammen sind, wird das obere Tuch wieder abgenommen. Die Kinder bekommen nun ein wenig Zeit, sich die Pflanzenteile gut anzuschauen und einzuprägen.

Dann wird alles wieder zugedeckt. Die Kinder müssen nun in einem bestimmten Zeitraum losziehen und die zuvor gesehenen Pflanzenteile suchen und sammeln. Sind alle wieder beisammen, wird das obere Tuch aufgedeckt und die gesammelten Pflanzenteile werden denen auf dem Tuch zugeordnet. Blüten und Blätter werden richtig zusammengeführt.

Wer hat alle Pflanzen gefunden? Wer kennt die Namen der Pflanzenarten?

Gänseblümchen-Regenspiel

| Gruppenspiel | Frühjahr, Sommer, Herbst | 3–8 |
| -- | -- | |

Die Kinder stellen Gänseblümchen dar, die auf einem Parkrasen stehen. Jedes sollte so viel Platz haben, dass es beide Arme seitlich ausbreiten kann. Dann wird das Lied „Es regnet, es regnet…" gesungen. Beim Singen der oberen Zeile schließen sich langsam die Arme über dem Kopf zusammen, beim Singen der unteren Zeile gehen sie langsam wieder in die Ausgangsposition. Das soll das Öffnen und Schließen der Gänseblümchenköpfchen symbolisieren.

1. Strophe
Es regnet, es regnet, Tag und Nacht
und wenn's genug geregnet hat, die Sonne wieder lacht!

2. Strophe
Es regnet, es regnet, das Köpfchen schließt sich sacht,
und wenn's genug geregnet hat, die Blüte wieder lacht!

3. Strophe
Es regnet, es regnet, die Kinder werden nass,
das macht uns nichts, im Gegenteil, es macht uns großen Spaß!

Parkanlagen und Friedhöfe

Gänseblümchenschmuck

Es werden Gänseblümchen mit langen Stielen gepflückt. Dann wird unterhalb der Blütenkörbchen mit dem Fingernagel jeweils ein kleines Loch in den Stiel hineingezwickt. Man nimmt ein Gänseblümchen und schiebt den Stiel des nächsten durch das Loch, den Stiel dieses Blümchens durch das Loch eines weiteren und so weiter.

Durch das Loch des letzten Blümchens wird der Stiel des ersten gefädelt, wodurch sich der Ring schließt. Auf diese Art und Weise können Armbänder, Haarkränze oder Ketten hergestellt werden.

Ich sehe was...

Vor einem Stadt- oder Parkspaziergang erhält jedes Kind etwa zehn Zettel, auf denen Tier- und Pflanzennamen stehen, welche die Kinder unterwegs höchstwahrscheinlich entdecken können. Ist das der Fall, gibt das Kind den Zettel mit der entdeckten Pflanze oder dem gefundenen Tier beim Spielleiter ab. Können alle Kinder ihre Zettel loswerden?

Für kleinere Kinder können Pflanzen- und Tierabbildungen auf den Zetteln sein. Vorexkursion sinnvoll!

Parkanlagen und Friedhöfe

Fledermausexkursion

Bei einer abendlichen Wanderung durch den Park wird in der Dämmerung ein Platz am Rande von Gehölzen mit Übergang zu freien Wiesen- oder Rasenflächen (möglichst noch mit einem Gewässer) aufgesucht und Ausschau nach umherflatternden Fledermäusen gehalten.

Wie viele Fledermäuse können beobachtet werden?

Fledermaus auf Mottenfang

Zwei bis vier Mitspieler stellen Motten (Nachtfalter) dar, ein Kind wird zur Fledermaus ernannt. Ihm werden die Augen verbunden. Alle anderen stellen sich im Kreis auf, fassen sich an den Händen und begrenzen als Bäume das Jagdrevier der Fledermaus. Innerhalb des Kreises können sich Fledermaus und Motten frei bewegen.

Die Fledermaus versucht nun, die Motten zu fangen. Dabei kann sie sich nur mit Hilfe ihres Gehörs orientieren. Immer wenn sie „Fledermaus" ruft, müssen die Motten umgehend mit „Motte" antworten. So versucht die Fledermaus, durch ständiges Rufen und Hören die Motten zu orten und zu fangen. Die Motten versuchen natürlich, ihr auszuweichen. Falls die Fledermaus den Mitspielern im Kreis zu nahe kommt, rufen diese den Namen eines Baumes, zum Beispiel Buche oder Eiche.

Wenn die Fledermaus alle Motten gefangen hat, wird gewechselt.

Parkanlagen und Friedhöfe

Jagd im Burgpark des Grafen Dracula

	Gruppenspiel		ganzjährig		5–11
	evtl. ein schwarzes Tuch als Umhang für den Grafen		--		

Ein Mitspieler wird zum Grafen Dracula ernannt, alle anderen stellen Menschen dar, die im Umfeld der sagenumwobenen Burg des Grafen leben. Der Graf beutet seine Untertanen aus, sodass diese sehr arm sind. Sie überwinden ihre Angst und brechen aus lauter Verzweiflung in die Burg ein, um nach Gold und anderen Schätzen zu suchen. Auf dem Rückweg werden sie im Burgpark entdeckt. Sie müssen am Grafen vorbei durch den Park zum schützenden Waldrand. Erst dann sind sie gerettet.

Die Untertanen stehen am Kopf des Spielfeldes, Graf Dracula seitlich. Beim Startsignal des Spielleiters rennen die Untertanen los und Graf Dracula macht Jagd auf sie.

Wie viele Menschen kann der Graf in der ersten Runde „beißen"? „Gebissene" Untertanen werden selber zum Vampir und müssen dem Grafen in der nächsten Runde helfen. Sie stellen sich zu beiden Seiten des Spielfeldes auf. Es werden so viele Runden gespielt, bis alle Menschen zu Vampiren geworden sind.

Parkanlagen und Friedhöfe

Igel auf Käferfang

	Gruppenspiel		Frühling, Sommer, Herbst		5–11
	2–4 Augenbinden		--		

Entsprechend der Gruppengröße wird ein Spielfeld auf einem Parkrasen festgelegt, in dessen Mitte sich zwei bis drei Spieler als Igel mit verbundenen Augen aufstellen. Die anderen Spieler stellen Laufkäfer dar. Die Laufkäfer versuchen nun, von der einen Spielfeldseite auf die andere zu gelangen, ohne von den Igeln gefangen zu werden. Dazu müssen sie sich möglichst leise zwischen den Igeln hindurchschleichen. Gefangene Laufkäfer scheiden aus. Die anderen wechseln so oft die Spielfeldseiten, bis alle gefangen sind.

Parkanlagen und Friedhöfe

Fuchs auf Kaninchenfang

	Gruppenspiel		Frühling, Sommer, Herbst		5–11
	--		--		

Die Mitspieler haken sich paarweise Arm in Arm unter und verteilen sich auf dem Spielfeld. Sie stellen jeweils ein Kaninchen und einen Kaninchenbau dar. Ein Paar wird getrennt: Das eine Kind läuft frei herum und wird daher zu einem „freien" Kaninchen, das andere zum Fuchs.

Der Fuchs muss nun versuchen, dieses Kaninchen zu fangen. Es kann sich retten, indem es in einen Kaninchenbau flüchtet, das heißt, sich bei einem Paar einhakt. Hakt sich das zu fangende Kaninchen auf der linken Seite ein, wird der rechte Mitspieler des Paares zum „freien" Kaninchen, muss den Kaninchenbau verlassen und wegrennen. Hakt sich das zu fangende Kaninchen auf der rechten Seite ein, wird der linke Spieler zum „freien" Kaninchen. Wenn das Kaninchen vom Fuchs gefangen wird, werden ganz schnell die Rollen zwischen beiden getauscht und die Jagd geht weiter.

Beim Spielen sollte darauf geachtet werden, dass sich das „freie" Kaninchen möglichst schnell einen neuen Kaninchenbau sucht, da sich die anderen Spieler sonst langweilen könnten. Außerdem hat ein Kaninchen viel zu viel Angst und kann gar nicht so lange rennen. Also, schnell in den Bau!

Parkanlagen und Friedhöfe

Picknick im Park

Herr Lehmann macht ein Picknick im Park. Nachdem er seine ganzen Butterbrote aufgegessen hat, sitzt er mit geschlossenen Augen im Schneidersitz auf seiner Decke und lässt sich von der Sonne bescheinen. Einige hungrige Spatzen und Tauben haben die vielen Krümel auf seiner Decke erspäht.

Herr Lehmann wird von einem Spieler dargestellt, der sich mit verbundenen Augen im Schneidersitz auf den Rasen setzt, um ihn herum werden einige Krümel (Eicheln, Tannenzapfen, Murmeln...) platziert. Die anderen Mitspieler bilden einen großen Kreis und stellen die Spatzen und Tauben dar, die sich an die Krümel heranmachen wollen.

Auf ein Handzeichen des Spielleiters trippelt der erste Vogel an Herrn Lehmanns Decke heran. Beim Vernehmen eines Geräusches ruft dieser laut „Scht, weg da!", um die Vögel zu verscheuchen. Dann muss der Vogel schnell zurück und sich hinsetzen.

Nun zeigt der Spielleiter auf einen anderen Vogel aus dem Kreis, welcher sein Glück versuchen darf. Wer schafft es, einen Krümel zu erhaschen? Alle sind während des gesamten Spiels mucksmäuschenstill.

Die schnellste Maus

Auf einer Rasenfläche werden eine Start- und eine Ziellinie mit Kleidungsstücken markiert. Die Ziellinie stellt den Mäusebau dar, die Mitspieler sind Mäuse.

Beim Startsignal des Spielleiters hüpfen alle Mäuse auf ihren Hinterbeinen so schnell sie können über die Ziellinie in ihren Bau, denn der Fuchs ist hinter ihnen her. Welche Maus ist zuerst im geschützten Bau?

Parkanlagen und Friedhöfe

Ostereiersuche

| Gruppenspiel | Ostern | 5–11 |
| kleiner Ball, Stoffei oder Osterei | -- | |

Im Frühjahr sieht man mancherorts den Osterhasen durch den Park hoppeln. Auf dem Rücken trägt er eine Kippe mit bunt bemalten Eiern, die er den Kindern heimlich in die Nester legt.

Die Mitspieler sitzen im Kreis und stellen versteckte Osternester dar. Ein Kind wird zum Osterhasen erwählt und bekommt einen kleinen Ball in die Hand, der ein Osterei darstellen soll.

Die Kinder singen: „Dreh dich nicht um, denn der Osterhase hoppelt herum! Wer sich umdreht oder lacht, kriegt den Buckel blau gemacht!" Der Osterhase hoppelt dabei außen um den Kreis herum und versucht möglichst unbemerkt, das Osterei in eines der Nester zu legen, also hinter einen der Mitspieler. Bemerkt ein Mitspieler das Ei hinter seinem Rücken, springt er auf, nimmt das Ei und versucht, den Osterhasen zu fangen. Dieser hoppelt ganz schnell um den Kreis herum in das freigewordene Nest. Wird der Osterhase vorher abgeschlagen, spielt er auch in der nächsten Runde den Hasen.

Bemerkt ein Kind das hinter ihm abgelegte Osterei so lange nicht, wie der Osterhase den Kreis ein weiteres Mal umrundet und wieder hinter ihm steht, wird das Kind zum Osterhasen.

Parkanlagen und Friedhöfe

Ratten füttern im Park

	Gruppenspiel		ganzjährig		5–11
	Seil oder Jacke; etwa 20 Tannenzapfen, Eicheln oder ähnliches		--		

Auf einem Spielfeld stehen sich 2 Mannschaften in 2 Reihen gegenüber. Sie stellen Ratten dar. In die Mitte des Spielfeldes wird aus einem Seil ein kleiner Kreis gelegt (alternativ eine Jacke auslegen), welcher einen Abfalleimer darstellt. Aus jeder Mannschaft wird ein guter Werfer ausgewählt. Diese beiden stellen sich an den (beiden) Spielseiten auf. Jeder Werfer bekommt etwa 10 Teile „Abfall" (zum Beispiel Tannenzapfen, Eicheln…). Dann versucht der erste Werfer, ein Abfallteil in den Eimer zu werfen. Trifft er den Abfalleimer, darf der zweite Werfer sein Glück versuchen. Landet der Abfall neben dem Eimer, dürfen sich die beiden jeweils ersten Ratten der Mannschaften auf das daneben geworfene Teil stürzen und für die Mannschaft hinter die Linie bringen. Dann wirft der zweite Werfer und die jeweils zwei nächsten Ratten in der Reihe dürfen losrennen, wenn der Abfall daneben geworfen wird.

Welche Mannschaft hat den besten Werfer? Die Ratten welcher Mannschaft konnten am meisten Abfall ergattern und sind dadurch dick, fett und kugelrund geworden?

Parkanlagen und Friedhöfe

Regenwürmer fangen

	Gruppenspiel		ganzjährig		5–11
	--		freie Fläche im Park		

Das Spielfeld stellt eine Wiese dar, die Startlinie den Erdboden, die Ziellinie Schatten spendendes Gebüsch. Ein Mitspieler wird zur Amsel ernannt, die sich an einer Seite des Spielfeldes aufstellt. Alle anderen Mitspieler sind Regenwürmer, die an der Seite des Spielfeldes stehen, welche den Erdboden darstellt.

Wenn der Spielleiter ruft oder singt: „Es regnet, es regnet, die Erde wird nass!" kommen die Regenwürmer aus dem Boden und bewegen sich auf die andere Seite des Spielfeldes in den Schatten. Da sich Regenwürmer nur sehr langsam bewegen, dürfen sie nur im Gänsefüßchenschritt vorwärtsgehen. Die Amsel sieht die fette Beute und versucht die Regenwürmer zu fangen. Sie darf sich nur hüpfend fortbewegen.

Wie viele Regenwürmer kann die Amsel in der ersten Runde fangen? Erbeutete Regenwürmer scheiden aus. Für die nächste Runde muss die Amsel wieder auf ihren Ausgangspunkt zurückkehren und das gleiche Spiel startet in die andere Richtung.

Bei großen Gruppen können zwei Amseln von beiden Seiten des Spielfeldes auf Regenwurmfang gehen.

» 178

Parkanlagen und Friedhöfe

Frühling, Sommer, Herbst oder Winter?

Die Mitspieler stellen sich so auf, dass sie etwas Platz um sich herum haben. Der Spielleiter stellt nun Aussagen auf, die den Jahresverlauf im Park betreffen, zum Beispiel: „Im Sommer geht Phillip im Park spazieren." Die Aussagen sollen von den Spielern pantomimisch dargestellt werden, jedoch nur dann, wenn sie der Wahrheit entsprechen. Ansonsten bleiben die Kinder bewegungslos stehen. Bewegt ein Spieler sich doch, muss er für die Dauer der nächsten Aussage aussetzen und in die Hocke gehen. Aussagen dürfen wiederholt werden.

Beispiele für wahre Aussagen: Im Herbst fallen die Blätter von den Bäumen. / Im Sommer fliegt der Specht von Baum zu Baum. / Im Frühjahr klettert Lena auf einen Baum. / Im Sommer hört man die Amseln singen. / Im Winter fährt Julia im Park Schlitten. / Im Sommer regnet es im Park. / Im Winter joggt Max durch den Park. / Herbststürme rütteln an den Zweigen. / Im Frühling stehen Gänseblümchen auf dem Rasen...

Beispiele für falsche Aussagen: Im Herbst blüht das Märzveilchen im Beet. / Im Sommer liegt viel Schnee auf dem Rasen. / Im Frühling geht Katrin zum Eislaufen auf den See im Park. / Affen klettern in den Parkbäumen herum. / Im Winter füttert die Amsel ihre gerade geschlüpften Jungen mit Regenwürmern. / Im Frühling versteckt das Eichhörnchen die Eicheln. / Im Winter fliegt der Maikäfer durch den Park. / Im Herbst treiben die Blätter an den Parkbäumen aus. / Spaziergänger sind im Sommer im Park nicht zu sehen. / Der Maulwurf fährt im Winter Schlitten. / Im Winter ruft der Kuckuck. / Der Igel verschläft den ganzen Sommer. / Im Winter machen viele Menschen Picknicks auf dem Parkrasen. / ...

Tier-Pantomime

Die Mitspieler stellen sich im großen Kreis auf. Darin steht ein Kind und macht pantomimisch ein im Park lebendes Tier bei einer Aktion nach, zum Beispiel einen „brütenden Vogel im Nest" oder ein „Kaninchen beim Gras fressen".

Derjenige Mitspieler, der meint, Tier und Aktion erraten zu haben, meldet sich und sagt, um welches Tier und um welche Aktion es sich hier handelt. Stimmt beides mit der pantomimischen Darstellung überein, darf dieser Spieler in den Kreis und als Nächster etwas vorspielen.

Als Hilfestellung kann der Spielleiter den Kindern Begriffe ins Ohr flüstern: „Blüten besuchender Schmetterling, Nuss knabberndes Eichhörnchen, Specht beim Höhlenbau, Blatt fressende Blattlaus, singender Vogel auf einem Ast, Nest bauender Vogel, Insekten fangender Frosch, nach Würmern pickende Amsel, Blüten besuchende Biene, Mücken jagende Fledermaus, sich einrollender Igel, von Ast zu Ast springendes Eichhörnchen, Meise beim Füttern ihrer Jungen, sich aus der Erde schaufelnder Maulwurf..."

 Bienchen, Bienchen such den Nektar! (S. 97)

Parkanlagen und Friedhöfe

Ab in die Stadt

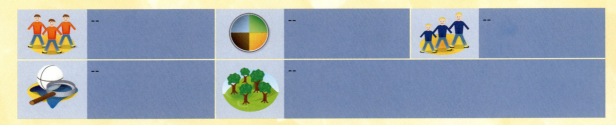

Mitspieler und Spielleiter bilden einen Kreis und stellen einen Stadtrand dar. Die Mitte des Kreises ist die Stadt, außerhalb des Kreises befindet sich die übrige Welt, Wiesen und Äcker, Seen..

Nun ruft der Spielleiter den Namen eines heimischen Tieres auf, zählt leise bis drei und klatscht in die Hände. In der Zwischenzeit haben die Kinder kurz Zeit zu überlegen, ob das genannte Tier auch in unserer Stadt (mit kleinen Gärten, Parkanlagen...) leben könnte oder eher außerhalb davon.

Wird in die Hände geklatscht, müssen alle Kinder gleichzeitig entweder vor- oder zurücktreten. Wenn sie meinen, dass das Tier wild in unserer Stadt lebt, treten sie einen Schritt vorwärts in den Kreis (= Stadt) hinein, sind sie der Ansicht, es lebt nicht in unserer Stadt, treten sie einen Schritt zurück, aus dem Kreis heraus.

Wer richtig gehandelt hat, bekommt einen Pluspunkt. Die Mitspieler kehren zurück in den Kreis und das nächste Tier wird genannt. Die Tiernamen dürfen auch mehrfach verwendet werden.

Wer hat die meisten Punkte gesammelt? Statt der Spielleitung können auch die Kinder Tiernamen aufrufen.

Tiere, die in unseren Städten leben: Kaninchen, Haussperling, Maulwurf, Stadtmaus, Eichhörnchen, Schnecke, Igel, Rotkehlchen, Haustaube, Amsel, Kohlmeise, Schmetterling, Turmfalke, Schwalbe, Biene, Wespe, Assel, Ameise, Mücke, Mauersegler, Krähe, Star, Stockente, Zilpzalp, Elster, Teichhuhn, Blässhuhn, Schwan, Fliege...

Tiere, die meist außerhalb unserer Städte leben: Pelikan, Feldmaus, Kuh, Delfin, Strandläufer, Huhn, Waldkauz, Feldlerche, Elefant, Eisbär, Giraffe, Tintenfisch... (Zoo gilt nicht!)

Einige Tiere werden den Kindern unbekannt sein. Bei kurzer Überlegung lassen sie sich jedoch leicht zuordnen, wie zum Beispiel „Strand"-Läufer.

Parkanlagen und Friedhöfe

Friedhöfe

In jeder Stadt sind Friedhöfe zu finden. Für unsere Verstorbenen gestalten wir Gräber, meist mit den an die Jahreszeiten angepassten Zierpflanzen wie zum Beispiel Stiefmütterchen, Chrysanthemen oder Astern. Aber auch hier finden wir heimische Pflanzenarten, von denen zahlreiche aufgrund ihrer symbolträchtigen Aussage sogar als typische Friedhofspflanzen bezeichnet werden können.

Immergrüne Pflanzen

Auf Friedhöfen sind häufig immergrüne Gehölze gepflanzt worden. Sie tragen das ganze Jahr über grüne Blätter oder Nadeln. Einerseits sind sie pflegeleicht, andererseits symbolisiert das immerwährende Grün Auferstehung und ewiges Leben.
Nicht nur immergrüne Zierpflanzen, sondern auch zahlreiche heimische immergrüne Gehölze haben auf Friedhöfen einen festen Platz, so zum Beispiel Eibe, Stechpalme, Efeu, Immergrün, Fichte und Tanne.

Eibe

Schon seit mindestens 4.000 Jahren gilt die schattenliebende Eibe mit den dunklen Nadeln als Baum der Trauer, aber auch als Symbol für ewiges Leben. Da man die Pflanze gut schneiden kann, säumen mancherorts Eibenhecken ganze Friedhöfe. Selbst dekorative Säulen, Pyramiden, Kugeln, Kegel oder sogar Tierfiguren lassen sich durch Schnitt formen Die Eibe weist nicht die typische Tannenbaumform auf und trägt als einziger heimischer Nadelbaum keine Zapfen. Im zeitigen Frühjahr erscheinen unauffällige Blüten; die knallroten Früchte werden im Herbst reif. Sie dienen Vögeln als Nahrung. Für den Menschen sind fast alle Teile der Eibe giftig!

Friedhof

Eibe

Parkanlagen und Friedhöfe

Eibe

> **Erkunden**
> Sind beschnittene Eiben auf dem Friedhof zu finden? Wie sehen sie aus? Wie Kugeln, wie Kegel, wie Säulen? Vorsicht: Die Pflanze ist giftig!

Stechpalme

Die Stechpalme ist uns allen aus der Weihnachtszeit bekannt. Dann sind Altäre und Tische mit Stechpalmenzweigen dekoriert, ihr Abbild schmückt Servietten, Porzellan und Geschenkpapier. Im Winter fällt dieses Gehölz sowohl durch die lederartigen, glänzenden Blätter auf wie auch durch die leuchtend roten Früchte, die manchmal bis in den Frühling an den Zweigen sitzen. Vögel schätzen sie als Nahrungsreserve in der kalten Jahreszeit. Für den Menschen sind sie giftig!

Das Gehölz hat eine raffinierte Methode entwickelt, um sich vor Fraß durch Tiere zu schützen. Größere Exemplare entwickeln unterschiedliche Blattformen. Im unteren Bereich der Pflanzen befinden sich an den nichtblühenden Ästen Blätter mit Stachelspitzen, an den oberen, blühenden Zweigen sind sie dagegen ganzrandig oder nur schwach stachelspitzig. Tiere meiden die unteren stacheligen Blätter, an die oberen reichen sie nicht heran.

Den meisten Pflanzen werden seit jeher magische Kräfte zugeschrieben. So heißt es, dass das Holz der Stechpalme alles Böse abwehren kann. Hat deshalb die Autorin J.K. Rowling Harry Potter einen Zauberstab aus Stechpalmenholz zugedacht?

Stechpalme

Parkanlagen und Friedhöfe

Stechpalme

> **Erkunden**
> Sind Stechpalmen auf dem Friedhof zu finden? Können die unterschiedlichen Blattformen entdeckt werden?

Efeu

Die Kletterpflanze Efeu wird auf dem Friedhof vorwiegend als Bodendecker eingesetzt. Sie vermag mit ihren Haftwurzeln Bäume und Mauern, aber auch Grabsteine und Statuen zu begrünen.

Immergrüne Pflanzen bezeugen auch treue Liebe, die über den Tod hinausgeht. In einer alten Legende geht es um das Liebespaar Tristan und Isolde. König Mark war eifersüchtig auf die beiden, denn er wollte Isolde selber zur Frau nehmen. Er hat alles dafür getan, die beiden zu trennen. Als das Liebespaar verstorben war, ließ er sie an zwei verschiedenen Seiten einer Kirche begraben, damit sie nicht einmal im Tod beieinander sein konnten. Da begannen aus den Gräbern der beiden Liebenden Efeupflanzen so hoch zu ranken, dass sie sich über dem Dach der Kirche begegneten. So konnten die beiden doch noch zusammenkommen.

> **Erkunden**
> Sind mit Efeu bewachsene Grabsteine zu entdecken? Wo ist die Kletterpflanze sonst noch zu finden?

Efeu

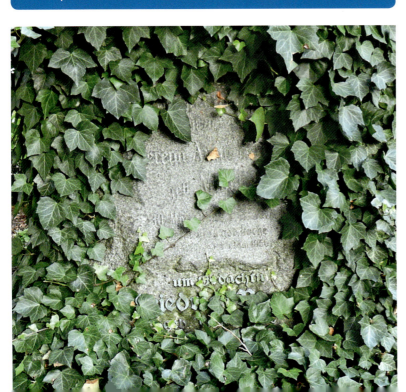

Parkanlagen und Friedhöfe

Immergrün

Über Samen vermehrt sich das kleine Immergrün bei uns eher selten. Die Pflanze bildet bis zu 2 m lange Triebe aus, die sich an den Knoten bewurzeln. Somit ist sie in der Lage, große Flächen als Bodendecker zu besiedeln. Dabei wird sie nur bis zu 15 cm hoch. Wie kleine Propeller sehen die hübschen, hellblau bis violetten Blüten vom Immergrün aus Sie zeigen sich schon zeitig im Frühjahr bis in den Sommer hinein.

Früher gab es den Brauch, geliebten Verstorbenen, besonders Kindern, kleine Kränze aus Immergrün mit in den Sarg zu legen. Ewiges Leben, Erinnerung und Treue wurden so zum Ausdruck gebracht.

Immergrün

Trauerbäume

Hinterbliebene gehen auf den Friedhof, um die geliebten Verstorbenen zu betrauern. Bäume mit hängenden Zweigen vermitteln einen melancholisch-traurigen Eindruck und symbolisieren fließende Tränen. Andererseits umhüllen sie schützend die darunter stehenden Grabstätten, vermitteln Ruhe und Sicherheit. Trauerweiden, Trauerbuchen und Trauerbirken sind daher vermehrt auf Friedhöfen zu finden. Im Winter sind Trauerformen von Baumarten besonders gut zu erkennen.

Trauerweide

Hängebuche

Birke

Unsere Birke wird auch „Hänge-Birke" genannt, da die dünnen, biegsamen Zweige schlaff nach unten hängen. Zu jeder Jahreszeit ist die Birke ganz einfach an der weißen Rinde zu erkennen.

Erkunden
Sind Bäume mit hängenden Zweigen auf dem Friedhof zu finden? Befinden sich darunter Hänge-Birken?

Parkanlagen und Friedhöfe

Herzförmige Blätter

Liebe und Verbundenheit drückt der Mensch durch herzförmige Symbole aus. So finden sich zum Beispiel herzförmige Blumengestecke auf den Gräbern. Einer unserer heimischen Bäume – die Linde – weist (in ungeschnittener Form) einen herzförmigen Wuchs auf und Millionen von herzförmigen Blättern. Deshalb ist dieser Baum besonders häufig auf Friedhöfen zu finden; im Angedenken an die Liebe, die wir unseren Verstorbenen auch nach dem Tod noch entgegenbringen.

Lindenblätter

Sommer- und Winterlinde

In unseren Laub- und Nadelwäldern kommen zwei heimische Lindenarten vor, die Sommer- und die Winterlinde. Linden können bis zu 30 m hoch und mehrere 100 Jahre alt werden. Bei der Winterlinde wachsen auf der Blattunterseite in den Nervenwinkeln bräunlich rote Haarbüschel, bei der Sommerlinde sind diese hell. In der Stadt werden aber auch zahlreiche andere Lindenarten angepflanzt.

Sommerlinde

Erkunden
Können beide Lindenarten auf dem Friedhof gefunden werden?

Parkanlagen und Friedhöfe

Moose und Flechten

Flechten und Moose brauchen sehr viel Zeit zum Wachsen. Deshalb sind sie vor allem auf alten Grabsteinen zu finden. Das setzt aber voraus, dass die Steine nicht ständig gesäubert werden.

Moos

Moose zählen nicht zu den Blütenpflanzen, da sie sich nicht über Blüten und Samen, sondern über eine sehr komplizierte Fortpflanzung vermehren. Es sind sehr langsam wachsende Pflanzen, die zudem nicht sehr hoch werden. Da sie sich gegenüber anderen Pflanzenarten schlecht durchsetzen können, werden sie von diesen schnell überwuchert und verdrängt. Deshalb weichen Moose auf Bereiche aus, die extreme Lebensbedingungen aufweisen, wie zum Beispiel Grabsteine. Auf den nackten Steinen können die meisten Blütenpflanzen nicht überleben.
Bei einigen Moosen erscheinen auf dünnen Stielchen kleine Kapseln. Darin befinden sich die Sporen, aus denen neue Pflanzen entstehen können.

Moos

Erkunden
Sind Moose auf den Grabsteinen zu finden? Können Kapseln auf kleinen Stielchen entdeckt werden?

Parkanlagen und Friedhöfe

Flechten

Flechten zählen nicht zum Pflanzenreich. Dabei handelt es sich um Lebensgemeinschaften zwischen Algen und Pilzen, von denen beide einen Nutzen haben. Die Alge kann Photosynthese betreiben und somit Nährstoffe für sich und den Pilz bilden. Der Pilz schützt die Alge vor Austrocknung.

Flechten wachsen sehr langsam und können von leuchtend gelb bis tiefschwarz sehr viele verschiedene Farben aufweisen. Auch die Formen variieren stark. Manche sehen wie Blätter aus, andere wie kleine Becher oder Trompeten, wieder andere wie kleine Sträucher.

Flechte

> ### Erkunden
> Sind Flechten auf den Grabsteinen zu finden? Welche Farben weisen sie auf und welche Formen?

Parkanlagen und Friedhöfe

Tiere

Viele unserer heimischen Tierarten, die in unseren Gärten und Parkanlagen anzutreffen sind, finden sich auch auf Friedhöfen ein.
Bei einem Friedhofsbesuch im Frühling oder Sommer lassen sich Vögel wie Amsel, Rotkehlchen, Kohlmeise und andere Meisen, Sperlinge, Zilpzalp und Buchfink beobachten. Sie finden in den meist zahlreich vorhandenen Bäumen Nist- und Nahrungsmöglichkeiten. Eichhörnchen tummeln sich in den Baumkronen. Igel und Maus finden auf dem Friedhof gute Verstecke, zeigen sich dem Besucher aber selten. Hin und wieder lassen sich sogar Wildkaninchen auf dem Friedhof beobachten.
Bienen, Hummeln und Schmetterlinge sind ebenfalls zu entdecken. Die üppige Blütenpracht der zahlreichen auf den Gräbern stehenden Zierpflanzen führt jedoch nicht unbedingt zu einer reichhaltigen Insektenwelt, da viele Zierpflanzen unseren heimischen Insekten wenig oder gar keinen Nektar oder Pollen als Nahrung anbieten.

Zilpzalp
Der Zilpzalp ist ein unscheinbarer Vogel, den man selten zu Gesicht bekommt. Sein eindeutiges „zilpzalp" ist jedoch häufig zu hören. Er ernährt sich von Insekten und anderen Kleintieren, im Herbst auch von Beeren.

Zilpzalp

Sperling
Haus- und Feldsperlinge sind durch lautes, allgemein bekanntes Tschilpen zu vernehmen. Beide Vogelarten sind häufig in Siedlungsbereichen zu hören.

Haussperling

Feldsperling

Kohlmeise
Ruflaute und Gesänge der Kohlmeise sind recht vielseitig. Häufig ist jedoch das „zizidädädä" zu vernehmen.

Kohlmeise

Parkanlagen und Friedhöfe

Pflanzengeflüster

Entsprechend der Anzahl der Kinder werden im Vorfeld Kärtchen mit Pflanzennamen typischer Friedhofspflanzen geschrieben (Eibe, Efeu, Stechpalme, Immergrün, Hängebirke, Moos, Flechte). Je nach Anzahl der Kinder dürfen die Pflanzen doppelt oder mehrfach auftreten.

Der Spielleiter sucht ein Kind heraus und flüstert diesem den Namen einer Pflanze zu, worauf dieses Kind besonders achten soll, zum Beispiel „Efeu". Die anderen Kinder stellen sich im Kreis auf. Der Spielleiter geht herum und lässt jedes Kind ein Kärtchen ziehen. Den darauf geschriebenen Pflanzennamen behält jedes für sich.

Dann geht das zuvor ausgewählte Kind im Kreis herum und lässt sich von jedem der anderen den Pflanzennamen von seinem gezogenen Kärtchen ins Ohr flüstern. Es muss sich dabei diejenigen Kinder merken, die den gesuchten Namen „Efeu" nennen. Das können ein oder auch mehrere Kinder sein. Nach dieser Flüsterrunde geht das Kind zu diesen Kindern und umarmt jedes. Hat es sich die Kinder mit dem Namen „Efeu" merken können und in Erinnerung behalten?

Danach wird einem anderen Kind ein anderer Pflanzenname vom Spielleiter ins Ohr geflüstert und die Kärtchen werden neu verteilt. Das Spiel kann von vorne beginnen.

Das gesamte Spiel sollte mucksmäuschenstill gespielt werden (der Friedhof ist ein Ort der Stille). Es wird nur geflüstert und still umarmt!

Tierstimmenlauschen

Alle Mitspieler legen sich eine Zeit lang ganz ruhig und entspannt auf den Boden. Bei ungünstigen Wetterbedingungen können die Kinder sich auch an einen Baum lehnen oder auf Bänke setzen. Dann sind alle mucksmäuschenstill und lauschen den Stimmen der Tiere.

Jeder Mitspieler darf sich eine Tierstimme aussuchen, die ihm besonders gut gefällt. Nach der Ruhepause wird über das Gehörte gesprochen. Sind Tiere aufgrund ihrer Stimme erkannt worden? Wie viele Stimmen sind gehört worden? Jeder darf seine ausgewählte Tierstimme beschreiben und kann sie vielleicht sogar (leise) nachmachen.

Welche Geräusche sind außer den Tierstimmen zu hören gewesen? Konnten Kohlmeise, Feldsperling oder Zilpzalp vernommen werden?

Baumkartierung (S. 35)

Literaturverzeichnis

Cornell, Joseph (2006): Mit Cornell die Natur erleben. Naturerfahrungsspiele für Kinder und Jugendliche. Der Sammelband. Verlag an der Ruhr. ISBN 978-38346-0076-9

Häsler, Heiderose & Wünschmann, Iduna (2010): Berliner Pflanzen: Das wilde Grün der Großstadt. 2. Auflage, Terra press, 120 Seiten, ISBN 978-3981247732

Kremer, Bruno P. (2013): Die Natur entdecken mit der Lupe. 99 spannende SehErlebnisse für Kinder, Jugendliche und Junggebliebene. Quelle & Meyer Verlag, 224 Seiten, ISBN 978-3-494-01527-9

Richharz, K. (2015): Kinder entdecken die Natur. Erprobte Projekte und Aktionen für Kinder und Jugendliche. Quelle & Meyer Verlag, 167 Seiten, ISBN 978-3-494-01587-3

Schmid, Ulrich & Roché, Jean (2014): Was singt denn da? Naturführer + CD. 3. Auflage, Kosmos, 128 Seiten, ISBN: 978-3-440-14237-0

Stocker, Michael / Meyer, Sebastian (2012): Wildtiere, Hausfreunde und Störenfriede. 1. Auflage, Haupt-Verlag. 352 S., ISBN 978-3-258-07664-5

Tubes, Gisela (2016): Spiele im Wald. 100 abwechslungsreiche Erlebnis- und Bewegungsideen für Grund- und Vorschulkinder. 2. Auflage, Quelle & Meyer Verlag, 135 Seiten, ISBN 978-3-494-01524-8

Bestimmungsbücher

Hecker, Ulrich (2012): Bäume und Sträucher. 2. Auflage, BLV Verlag, 238 Seiten, ISBN 978-3-8354-0941-5

Hensel, Wolfgang (2006): Welche Giftpflanze ist das? Franckh-Kosmos Verlag, 128 Seiten, ISBN 978-3-440-10745-4

Lüder, Rita (2001): Grundkurs Pflanzenbestimmung. Eine Praxisanleitung für Anfänger und Fortgeschrittene. 5., stark erweiterte Auflage, Quelle & Meyer Verlag, 552 Seiten, ISBN 978-3-494-01497-5

Lüder, Rita (2012): Grundkurs Gehölzbestimmung. Eine Praxisanleitung für Anfänger und Fortgeschrittene. 2., korr. Auflage, Quelle & Meyer Verlag, 444 Seiten, ISBN 978-3-494-01502-6

Spohn, Margot & Spohn, Roland (2015): Was blüht denn da? Wildwachsende Blütenpflanzen Mitteleuropas. 2. Auflage, Franckh-Kosmos Verlag, 496 Seiten, ISBN 978-3-440-13965-3

Fitter, Richard, Fitter, Alastair & Blamey, Marjorie (2007): Parey`s Blumenbuch. Über 2500 Arten in 3200 Farbzeichnungen. Neuausg., Franckh Kosmos-Verlag, 356 S., ISBN 978-3-440-11189-5

Willner, Wolfgang (2012): Die Schmetterlinge Deutschlands in ihren Lebensräumen. Finden und Bestimmen. Quelle & Meyer Verlag, 288 Seiten, ISBN 978-3-494-01511-8

Bestimmungskarten / Faltblätter (Quelle & Meyer Verlag)

Die Blüten heimischer Laubgehölze im Vergleich, ISBN 978-3-494-01606-1

Blütenpflanzen am Wegesrand im Vergleich, ISBN 978-3-494-01682-5

Die Blätter heimischer und kultivierter Laubbäume im Vergleich, ISBN 978-3-494-01552-1

Garten- und Parkvögel im Vergleich, ISBN 978-3-494-01610-8

Die Früchte heimischer und kultivierter Laubgehölze im Vergleich, ISBN 978-3-494-1554-5

Die Rinden heimischer und kultivierter Laub- und Nadelbäume im Vergleich, ISBN 978-3-494-01556-9

Weitere Spiele- und Sportbücher

Bieligk, Michael (2011): Erlebnissport im Freien. Erfolgreiche Spiele mit Naturgegenständen. Limpert Verlag. 112 Seiten, ISBN 978-3-7853-1843-0

Bieligk, Michael (Hg.) (2013): Das große Limpert-Buch des Erlebnissports. Spannende Spiel- und Bewegungsideen für drinnen und draußen. Limpert Verlag, 500 Seiten, ISBN 978-3-7853-1856-0

Lange, Anja & Döhring, Volker (2013): Kleine Pausen- und Freizeitspiele für drinnen und draußen. Limpert Verlag, 184 Seiten, ISBN 978-3-7853-1864-5

Moosmann, Klaus (Hg.) (2011): Das große Limpert-Buch der Kleinen Spiele. Bewegungsspaß für Jung und Alt. 2., erweit. und korr. Auflage. Limpert Verlag, 376 Seiten, ISBN 978-3-7853-1834-8

Register der Pflanzenarten

A

Acker-Hellerkraut 73
Ahorn 32, 33, 138, 144
Alge 188
Aster 181

B

Baumhasel 30
Baumweide 115, 116
Behaartes Schaumkraut 13, 18
Beifuß 26, 27, 82
Berufkraut 19, 76
Besenginster 89
Binsen 112, 127
Birke 32, 89, 184, 185
Blutroter Hartriegel 39, 41, 112
Blut-Weiderich 126, 127
Braunelle... 161
Braunstieliger Streifenfarn 49, 51
Breit-Wegerich 13, 20
Brennnessel 42, 43, 54, 77, 92, 93, 112, 163
Brombeere 40, 41, 59, 89, 90
Bruchkraut 16, 107
Buche 32, 89, 137, 145, 184

C

Chrysantheme 181

D

Dach-Hauswurz 69

E

Eberesche 56
Efeu 49, 56, 59, 62, 68, 181, 183
Ehrenpreis 161
Eibe 56
Eiche 30, 32, 89, 136
Einjähriges Rispengras 17
Erle 112, 113, 123, 127
Esche 112, 114, 115

F

Fichte 143, 145, 181
Flaches Rispengras 53
Flechte 187, 188
Franzosenkraut 19

G

Gänseblümchen 19, 75, 81, 158, 159x
Gänsedistel 76
Gänse-Fingerkraut 15
Gelber Lerchensporn 49, 50
Giersch 42
Gingko 30
Goldrute 80
Gundermann 47

H

Hahnenfuß 163
Haselstrauch 40, 41, 56, 112, 113
Hasenklee 107
Himbeere 89
Hirtentäschel 13, 18, 75
Holunder 38, 41, 56, 89, 90, 112
Hopfen 61
Huflattich 24, 85, 86

I

Igelkolben 119
Immergrün 184
Indisches Springkraut 119

J

Johanniskraut 26, 27, 47, 82, 83, 104

K

Kamille 14, 74
Kiefer 144, 145
Knoblauchsrauke 43
Knopfkraut 75
Kompass-Lattich 88
Königskerze 47, 101, 102
Kratzdistel 78, 79, 164

L

Lärche 144, 145
Leinkraut 105
Linde 30, 32, 34, 140, 141, 145, 186
Löwenzahn ... 13, 14, 18, 24, 47, 75, 76, 85, 126, 158, 159

M

Margerite 81, 165
Mastkraut 17
Mauerlattich 55
Mauerpfeffer 52, 53, 68, 69
Mauerraute 49, 50, 51
Mädesüß 118
Mäusegerste 24, 55
Moos 21, 187

N

Nachtkerze 47, 85, 103
Natternkopf 84

O

Orangerotes Habichtskraut 26, 27

P

Pestwurz 118
Platane 31

» 192

Register der Pflanzenarten

R

Rainfarn	81
Reitgras	88
Resede	104
Riesen-Bärenklau	119
Robinie	30
Rose	39, 41, 59, 60, 89, 112 , 123, 124, 125
Rosskastanie	32, 33, 142, 145
Roter Wiesen-Klee	26, 160
Röhricht	112, 123

S

Sal-Weide	89, 116
Sauerampfer	162
Schafgarbe	164
Scharbockskraut	41, 42
Schilf	112, 125
Schlehe	89
Schmalblättriges Weidenröschen	83
Schöllkraut	54, 55
Schwimmendes Laichkraut	125
Seerose	123, 124, 125
Segge	89
Silber-Weide	115
Spitz-Wegerich	20, 26, 162, 163
Stechpalme	181, 182, 183
Steinklee	86, 87
Stiefmütterchen	181
Stinkender Storchschnabel	106
Strauchweide	116
Sumpf-Dotterblume	126

T

Tanne	143, 144, 145
Taubnessel	26, 28, 55
Teichlinse	124
Teichrose	123, 124, 125
Trauerweide	184
Tripmadam	53, 68, 69
Tüpfelfarn	49, 51

V

Veilchen	47
Vogel-Knöterich	16
Vogelmiere	24, 25

W

Wasserdost	126, 127
Wasserlinse	123, 124
Wasser-Schneeball	117
Wasser-Schwertlilie	112, 125
Weg-Rauke	20
Wegwarte	27
Weißdorn	40, 41
Weiß-Klee	19, 24, 25, 160
Wiesen-Bärenklau	165
Wiesenkerbel	26
Wiesen-Labkraut	26, 27, 163
Wiesen-Schaumkraut	166
Wilde Möhre	26, 87
Wilder Wein	59, 61
Wild-Rose	39, 41, 59, 60, 89, 112

Z

Zimbelkraut	47, 48
Zitterpappel	89, 90

Register der Tierarten

A

Admiral 92, 99
Ameise 21, 50, 54, 55, 62
Amsel 28, 56, 62, 120, 121, 148, 166, 168, 189
Assel 52

B

Bachstelze 120, 166
Biene 28, 34, 48, 62, 69, 84, 93, 91, 94, 105,
              108, 127, 140, 141, 146, 159, 160, 166, 189
Blattlaus 34, 62, 91
Blässhuhn 127, 128
Bläuling 93, 99
Blaumeise 146, 147
Buchfink 120, 189
Buntspecht 146, 148

D

Distelfalter 127
Distelfink 95
Dohle 65, 149
Dompfaff 115, 120

E

Eichelhäher 149
Eichhörnchen 142, 144, 146, 149, 189
Eidechse 48, 49, 91
Eisvogel 121
Elster 147, 149, 166
Erdkröte 130

F

Feldsperling 147, 189
Fink 62, 95, 120, 189
Fledermaus 63, 166, 167
Fliege 62, 91, 140
Frosch 91, 127, 130
Fuchs 91, 166, 167

G

Goldammer 95
Graureiher 120
Grille 93, 108
Großer Kohlweißling 91, 99, 166
Grünes Heupferd 93
Grünspecht 168

H

Haubentaucher 129
Hausrotschwanz 46, 65
Haussperling 65, 147
Heuschrecke 48, 91, 93, 168
Höckerschwan 129
Hummel 28, 62, 91, 93, 108, 160, 166

I

Igel 166, 167, 189

K

Käfer 91, 140, 166, 168
Kleiber 148
Kleiner Fuchs 48, 92, 100, 166
Kleiner Kohlweißling 91, 99
Kohlmeise 147, 189
Kröte 91, 127, 130

L

Libelle 120, 127, 131

M

Marienkäfer 168
Mauersegler 65
Mauerspinne 65
Maulwurf 64, 167
Maus 64, 91, 167, 189
Meise 120, 146, 147, 189
Möwe 129

O

Ohrwurm 62, 63

R

Ratte 166
Regenwurm 167, 168
Ringeltaube 148
Rotkehlchen 46, 120, 147, 189

S

Saatkrähe 166
Schmetterling . . . 28, 48, 77, 79, 91, 93, 99, 105, 108,
                120, 127, 140, 146, 160, 166, 189
Schnecke 21, 52, 167
Schwalbe 64
Schwan 62, 91, 94, 108
Schwebfliege 62, 91, 94, 108
Singdrossel 62, 166, 168
Sperling 28, 65, 146, 147, 189
Spinne 48, 49, 62, 63, 65, 91, 147
Star 146
Stockente 120, 127, 128
Straßentaube 64

T

Tagpfauenauge 92, 100
Taube 64, 148
Teichhuhn 128
Turmfalke 64
Türkentaube 64, 146

Register der Tierarten

W

Waldbaumläufer 148
Wanze 53
Wasseramsel 120, 121
Wespe 94
Wildbiene 48, 94
Wildkaninchen 91, 166, 167, 189

Z

Zaunkönig 46
Zilpzalp 189
Zitronenfalter 166

Register der Spiele

A

Ab in die Stadt 180
Alle meine Entchen 132
Alle Parkvögel fliegen hoch 157
Auf der Mauer auf der Lauer 58

B

Baum belauschen 151
Baum bestaunen 150
Baumbreite schätzen 152
Baumkartierung 35
Baumrindenbilder herstellen 153
Bäumchen wechsle dich! 151
Bienchen, Bienchen such den Nektar! 97
Blütenfavorit 96

D

Dachbegrünung 70
Die schnellste Maus 175
Duftquiz 96

E

Einen Baum wiederfinden 151
Eisvogel auf Fischfang 122

F

Fischer, Fischer, wie tief ist das Wasser? 134
Fledermaus auf Mottenfang 171
Fledermausexkursion 171
Froschkonzert am Teich 131
Frühling, Sommer, Herbst oder Winter 179
Fuchs auf Kaninchenfang 174

G

Gänseblümchen-Regenspiel 169
Gänseblümchenschmuck 170
Gefährliches Pflaster 23

H

Hummelfavorit 96

I

Ich sehe was 170
Igel auf Käferfang 173

J

Jagd im Burgpark des Grafen Dracula 172

L

Libellenflug 132
Löwenzahnsuche 29

M

Marder und Eichhörnchen 155
Mauerlauf 57
Meisenspeise 67

N

Nuss-Versteckspiel 154

O

Ostereiersuche 176

P

Pflanzenfavorit 22
Pflanzengeflüster 190
Pflanzen verbreiten 110
Picknick im Park 175

R

Ratten füttern im Park 177
Regenwürmer fangen 178

S

Schlingpflanzenspiel 66
Schmetterlingszählung 98
Schnitzeljagd 153
Sprungweltmeister 98
Stille Post 57

T

Tierstimmenlauschen 190

V

Vogelbeobachtung 122
Vogelnestzählung 156

W

Was gehört hier nicht hin? 44

Z

Zugexpedition in die Steinwüste 109

Spiele nach Lebensräumen

Straßen und Wege	**Pflasterritzen**	Pflanzenfavorit Gefährliches Pflaster
	Straßenränder	Löwenzahnsuche
	Straßenbäume	Baumkartierung » Bienchen, Bienchen such den Nektar
	Hecken	Was gehört hier nicht hin?
Mauern und Häuser	**Mauern**	Stille Post Mauerlauf Auf der Mauer auf der Lauer... » Pflanzenfavorit
	Fassaden	Schlingpflanzenspiel Meisenspeise » Fledermaus auf Mottenfang
	Dächer	Dachbegrünung
Brachflächen und Bahnanlagen	**Brachflächen**	Blütenfavorit Duftquiz Hummelfavorit Bienchen, Bienchen such den Nektar! Sprungweltmeister Schmetterlingszählung
	Bahnanlagen	Zugexpedition in die Steinwüste Pflanzen verbreiten
Gewässer	**Fließgewässer**	Vogelbeobachtung Eisvogel auf Fischfang » Fischer, Fischer, wie tief ist das Wasser?
	Stillgewässer	Alle meine Entchen Libellenflug Froschkonzert am Teich Fischer, Fischer, wie tief ist das Wasser?
Parkanlagen und Friedhöfe	**Parkbäume**	Baum bestaunen Einen Baum wiederfinden Baum belauschen Bäumchen wechsle dich! Baumbreite schätzen Baumrindenbilder herstellen Schnitzeljagd Nuss-Versteckspiel Marder und Eichhörnchen Vogelnestzählung Alle Parkvögel fliegen hoch » Baumkartierung » Tierstimmenlauschen » Was gehört hier nicht hin? » Bienchen, Bienchen such den Nektar
	Parkwiesen und -rasen	Wiesenpflanzen – merken und suchen Gänseblümchen-Regenspiel Gänseblümchenschmuck Ich sehe was... Fledermausexkursion Fledermaus auf Mottenfang Jagd im Burgpark des Grafen Dracula Igel auf Käferfang Fuchs auf Kaninchenfang Picknick im Park Die schnellste Maus Ostereiersuche Ratten füttern im Park Regenwürmer fangen Frühling, Sommer, Herbst oder Winter Tier-Pantomime Ab in die Stadt » Bienchen, Bienchen such den Nektar!
	Friedhöfe	Pflanzengeflüster Tierstimmenlauschen » Baumkartierung

Erkundungszeiten

Erkundungszeiten / Monate	1	2	3	4	5	6	7	8	9	10	11	12
Pflasterritzen				■	■	■	■	■	■	■		
Straßenränder				■	■	■	■	■	■			
Straßenbäume	■	■	■	■	■	■	■	■	■	■	■	■
Hecken und Gebüsche				■	■	■				■	■	■
Mauern	■	■	■	■	■	■	■	■	■	■	■	■
Fassaden	■	■	■	■	■	■	■	■	■	■	■	■
Dächer	■	■	■	■	■	■	■	■	■	■	■	■
Brachflächen						■	■	■	■			
Bahnanlagen						■	■	■	■			
Fließgewässer				■	■	■	■	■	■	■		
Stillgewässer				■	■	■	■	■	■			
Parkbäume	■	■	■	■	■	■	■	■	■	■	■	■
Parkwiesen und -rasen				■	■	■	■	■	■			
Friedhöfe	■	■	■	■	■	■	■	■	■	■	■	■

Die Autorin

Gisela Tubes hat an der Westfälischen Wilhelms-Universität in Münster Diplom-Landschaftsökologie studiert und lebt seit 1989 in Detmold. Heute ist sie als Autorin für Zeitungen, Zeitschriften und öffentliche Institutionen tätig. Ihr Schwerpunkt liegt dabei auf ökologischen Themen, vor allem der Wildpflanzenkunde. Zum Thema „Wildpflanzen in der Küche" bietet sie Kräuterwanderungen und Vorträge an.

Bildquellennachweis

Die Abkürzungen bedeuten: o = oben, u = unten, m = mitte, l = links, r = rechts

Scott Krausen, Mönchengladbach
23, 66, 67, 70, 97, 110, 122, 133, 152, 155, 172, 173, 174, 176, 177, 178, 180, 190

Christoph Robiller (www.naturlichter.de)
167 u

Wikimedia Creative Commons
4028mdk09 CC BY-SA 3.0: 91 o l; Acélan CC BY-SA 3.0: 52 m; Achim CC BY-SA 3.0: S. 120 u; Alois Staudacher CC BY-SA 2.0: 64 m l; Amikosik CC BY-SA 3.0: 65 o; Andreas Eichler CC BY-SA 4.0: 91 o r, 92 o, 103 u r, 149 o r; Andreas Trepte CC BY-SA 2.5: 95 o, 95 u, 120 o, 148 u r, 189 o; Andreas Trepte CC BY-SA 3.0: 147 r 3. v o; Andrew2606 CC BY-SA 3.0: 121 o; Atlasroutier CC BY-SA 3.0: 168 o; Bernard DUPONT CC BY-SA 2.0: 92 o, 167 o; CrazyD CC BY-SA 3.0: 129 o; Dan CC BY-SA 2.0: 189 u; Francis C. Franklin CC-BY-SA-3.0: 147 o l, 147 u; Gideon Pisanty CC BY-SA 3.0: 93 u; Gilles San Martin CC BY-SA 2.0: 168 u r; Hans Hillewaert CC BY-SA 3.0: 129 u r; Harald Süpfle CC BY-SA 2.5: 92 u r; H. Krisp CC BY-SA 4.0: 91 u r; H. Krisp CC BY-SA 3.0: 120 m, 130 m; H. Zell CC BY-SA 3.0: 52 o r; HTO CC0 1.0: 64 o; Jacob Spinks CC: 147 r 2. v o; Jan Mehlich CC BY-SA 3.0: 65 u; Joefrei CC BY-SA 3.0: 64 m r, 121 u; Jörg Hempel CC BY-SA 3.0: 92 m l; Karelj CC BY-SA 3.0: 168 3. v o; Laitche CC BY-SA 3.0: 189 m r; Line Sabroe CC BY-SA 2.0: 168 u m; Luc Viatour CC BY-SA 3.0: 147 o r; Marco Serra CC BY-SA 3.0: 129 u l; Marek Novotnak CC BY-SA 3.0: 128 u; Matthias Barby CC BY-SA 3.0: 65 u; Mdf CC BY-SA 3.0: 148 o r; Michael Apel CC BY-SA 3.0: 131 u; Michael Gäbler CC BY-SA 3.0: 64 u r; OhWeh CC BY-SA 2.5: 168 u l; Olivier CC BY-SA 2.0: 167 m; Panoramedia CC BY-SA 3.0: 94 u; Peripitus CC BY-SA 3.0: 189 m l; Pierre Dalous CC BY-SA 3.0: 149 u; Quartl CC BY-SA 3.0: 92 m r; Rasbak CC BY-SA 3.0: 91 u l; Richard Bartz CC BY-SA 2.5: 94 o r, 128 m; Sanja565658 CC BY-SA 3.0: 63 o; Seahamlass CC BY-SA 4.0: 148 u l; Stefan-Xp CC BY-SA 3.0: 65 m; Tehgnz1 CC BY-SA 4.0: 148 o l; Thomas Bresson CC BY-SA 3.0: 53 u, 62 u l; T.Voekler CC BY-SA 3.0: 146 u; Wald1siedel CC BY-SA 4.0: 64 u l

Alle anderen Fotos stammen von der Autorin.

Mit Spiel und Spaß die Natur entdecken

Spiele im Wald

Über 100 abwechslungsreiche Erlebnis- und Bewegungsideen für Grund- und Vorschulkinder

Unsere heimischen Wälder, komplexe Lebensräume von Tieren und Pflanzen, sind ideale Lern- und Erlebnisorte für Kinder. Denn Kinder sind die geborenen Entdecker, sie sind wissbegierig, spielen und bewegen sich gerne. Die in diesem Praxisbuch vorgestellten Spiele sind so konzipiert, dass Lehrkräfte und Gruppenbetreuer ohne großen Aufwand stets ein geeignetes Spiel zur Hand haben, wenn es darum geht, zu allen Jahreszeiten Naturkenntnisse der unterschiedlichsten Art zu vermitteln – meistens verbunden mit Bewegungsaufgaben, sodass auch die sportliche Betätigung nicht zu kurz kommt. Also: Mit Spiel, Sport und Spaß die Natur ergründen – die frische Luft gibt es gratis dazu!

Gisela Tubes
Spiele im Wald

Über 100 abwechslungsreiche Erlebnis- und Bewegungsideen für Grund- und Vorschulkinder

2. erw. Auflage, 136 S., ca. 320 farb. Abb., 7 Tab., 21 x 29,7 cm, kart., ISBN 978-3-494-01657-3

Best.-Nr.: 494-01657

€ 19,95

Kinder entdecken die Natur

Mit Begleit-DVD!

Erprobte Projekte und Aktionen für Kinder und Jugendliche

Kinder sind wissbegierig und entdecken gerne Neues. In diesem Praxisbuch finden Lehrkräfte und Gruppenbetreuer erlebnisorientierte Spiele und Aktionen zu unterschiedlichsten Natur- und Umweltthemen wie Vögel, Fledermäuse, Waldtiere oder auch zu einfachen Haushühnern. In 18 Themen-Kapiteln werden jeweils 5 - 6 Spiele vorgestellt, die sich sofort und ohne großen Aufwand umsetzen lassen. Die Projekte eignen sich für Kinder von 3 - 12 Jahren und sind insbesondere für größere Gruppen oder Schulklassen konzipiert. Alle Aktionen sind durch erfahrene Umweltpädagogen mehrfach erprobt und werden durch zahlreiche Arbeitsmaterialien ergänzt.

Klaus Richarz (Hrsg.)
Kinder entdecken die Natur

Erprobte Projekte und Aktionen für Kinder und Jugendliche

168 S., zahlr. farb. Abb., inkl. DVD, 21 x 28 cm, kart., ISBN 978-3-494-01587-3

Best.-Nr.: 494-01587

€ 19,95

Quelle & Meyer Verlag GmbH & Co.
Industriepark 3 · 56291 Wiebelsheim
vertrieb@quelle-meyer.de · www.quelle-meyer.de
Tel.: 0 67 66 / 906-140 / Fax 0 67 66 / 903-320

Preisstand 2016 · Änderungen vorbehalten